邓元兵 著

新媒体公共传播

Research on the Impacts
of Mobile Internet Users'
Brand Community Use and
Its Mechanism

移动互联网用户的
品牌社区使用及
影响机制

社会科学文献出版社
SOCIAL SCIENCES ACADEMIC PRESS (CHINA)

本书为"2017 年河南省高等学校哲学社会科学创新团队支持计划（项目编号：2017-CXTD-01）"成果。

序

"80后"的邓元兵老师是学院新引进的博士。第一印象憨厚、勤奋，挡不住的才情总在不经意间闪现。当他把书稿呈现在我眼前时，我的脑海中突然冒出一句成语：后生可畏！

他来学校后就接任班主任、科研秘书，新媒体的课程也担任几门，是最受学生喜爱的"男神"之一。繁重的教学，繁杂的事务，竟没有影响他成果不断。想必他也是把别人喝咖啡、闲聊天的时间都用在了学问上。作为一名老教师，发自内心祝贺他的专著问世。

邓元兵博士的著作《移动互联网用户的品牌社区使用及影响机制》是他近年来思考的结果，选择移动互联网用户群体为考察对象，将新媒体研究和品牌传播两个话题结合在一起，对当下出现的新现象新问题进行了分析和阐释。

2016年6月10日，国务院办公厅发布《关于发挥品牌引领作用推动供需结构升级的意见》，提出设立"中国品牌日"，大力宣传知名自主品牌，讲好中国品牌故事。2017年5月2日，国务院办公厅批复同意设立"中国品牌日"。批复称，同意自2017年起，将每年5月10日设立为"中国品牌日"，具体工作由国家发改委商有关部门组织实施。"中国品牌日"鼓励各级电视台、广播电台以及平面、网络等媒体，在重要时段、重要版面安排自主品牌公益宣传。定期举办中国自主品牌博览会，在重点出入境口岸设置自主品牌产品展销厅，在世界重要市场举办中国自主品牌巡展推介会，扩大自主品牌的知名度和影响力。品牌在经济贸易、对外交往、公共外交等多种活动中的重要性已经不言而喻，得到了国家层面的重视。因此，在今后的市场活动中，应当重视品牌传播的杠杆作用，用品牌传播的力量把中国的优质产品和原产地形象推向全世界，打造国际一流品牌。

然而，由于品牌观念觉醒较晚，目前中国在各种国际品牌排行榜中的表现堪忧。2016 年 10 月 6 日，全球著名的品牌咨询公司 Interbrand 发布了颇具影响力和权威性的《2016 年全球最具价值品牌》，前 100 强的品牌大部分来自欧美国家，中国上榜品牌仅有华为和联想，2017 年最新发布的榜单显示中国上榜品牌依然只有华为和联想。对于各国企业来说，纵使产品的品质有较大的竞争力，在不同国家、不同文化环境的市场中想获得理想的市场份额，却不是一件易事。优质的产品如果不进行品牌传播，品牌信息不传递到消费者的认知范围内，产品依然可能会被湮没、失去竞争优势，从而丧失市场份额。基于顾客的品牌资产理论提供了理论解释视角，指导如何在不同国家和不同文化中树立良好的企业和品牌形象、赢得顾客。

传统媒体时代消费者与品牌之间进行沟通，品牌管理者主要是靠在报纸、电视上投放广告来获取消费者的认知。1994 年中国建成第一条宽带互联网，如今，互联网已经成为与我们生活和工作、学习密切联系的一部分，互联网把全世界联系在一起，成为"地球村"。但是在移动互联网环境下，消费者与消费者之间的沟通方式发生了变化，消费者基于移动 GPS 定位技术或者根据相同的爱好建立了联系，品牌与消费者的沟通方式也发生了变化，品牌也可以与消费者实现实时互动。在移动互联网的环境下，品牌管理者应当思考如何把品牌信息通过社交媒体更好地传播出去。中国互联网络信息中心 2017 年 8 月发布的《第 40 次中国互联网络发展统计报告》显示，截至 2017 年 6 月，中国网民规模达到 7.51 亿，占全球网民总数的 1/5；互联网普及率为 54.3%，超过全球平均水平 4.6 个百分点；我国手机网民规模达 7.24 亿，网民中使用手机上网的比例由 2016 年底的 95.1% 提升至 96.3%，手机上网比例持续提升。所以，在移动互联网时代如何借助新媒体的力量来并展品牌传播活动正是值得关注和思考的问题。

从传统媒体到新兴媒体，从报纸到广播、电视、手机、互联网，每一种媒介形态的出现都是因媒体技术的变革而造成的，是"媒介技术"和"媒介使用情境"博弈的结果。移动互联网具备可移动性、便携性、GPS

实时定位、个性化、互动性强等独有的特征。移动互联网的异军突起对媒介产业格局和信息传播环境都带来了翻天覆地的变化，不仅使得消费者使用媒介的场景多样化、消费模式共享化，还为企业开展营销沟通活动提供了新的媒介渠道。移动互联网技术重构了品牌传播的行为和结构，传播技术变革了大众社会中消费者使用媒介的习惯及其社会交往的形态。

新时代、新技术、新媒体、新思维在不断涌现，期待元兵能够放眼未来，不断创新，砥砺成长，做出更多的成果。

董广安

2017 年 11 月

摘　要

我国是世界上移动互联网用户数量最多的国家，移动互联网网民的数量占我国互联网网民整体数量的比例超过 80%，中国已经进入了移动互联网时代。在移动互联网背景下，信息通信技术的升级换代速度更快，消费者的媒介使用方式也更加多样化，为品牌传播与管理带来了创新。

在线品牌社区是被品牌所有者和管理者广泛使用的品牌传播与管理工具，它对传递品牌价值、开展品牌沟通活动、构建强势品牌等具有重要的促进作用，中外学者都对此展开了研究。但是，至今仍未有研究明确表明消费者在使用品牌社区过程中，品牌社区的感知特征对品牌关系质量的影响机制是如何产生作用的。笔者希望本研究对开展品牌建设的实践活动提供出建议，并完善相关理论研究。

同时，在移动互联网环境下，品牌社区不再像传统互联网时代，消费者只有打开电脑在房间里才能访问使用，而是随时随地通过手机、平板电脑等移动终端设备即可使用，消费者的使用情境发生了变化。特别是移动互联网终端设备具有移动性、即时性、社交性、可定位性等众多新特征，它对消费者的媒介使用方式、使用习惯都存在影响。而且，移动互联网用户群体庞大，应当给予重视。因此，本课题也将重点探索在移动互联网环境下，消费者对在线品牌社区的使用受到哪些因素影响，如何对消费者的品牌关系质量产生影响，并研究其作用机制。

通过本课题开展的实证研究，在本课题整体研究框架的引导下，本课题共建立了三个结构方程模型，对上面提到的问题进行了科学细致的研究。本课题的研究内容具体分为以下八章。

第一章：本章交代了课题提出的背景，对本课题的研究目标、理论意义、现实意义、技术路线图和创新点等也做了简要介绍。

第二章：这章是本书的理论基础和文献回顾部分。本书在开展实证研究时所构建的模型并非空中楼阁，而是建立在前人的理论研究基础之上。此处对技术接受模型理论和使用与满足理论等两个核心理论进行了介绍，同时对课题的核心概念"品牌社区"和"移动互联网"进行了界定，也对品牌社区的相关文献进行了回顾。

第三章：本章是研究设计，主要介绍了本课题的基本研究思路，提出了整体的理论研究框架，也简述了本课题的研究步骤，同时对实证研究用到的量表进行了设计和说明。

第四章：本章主要是数据收集和初步整理分析。在数据收集完成后，对数据的样本情况进行了简要的描述性统计。而且，这部分也根据统计学的要求，对量表中各变量的信度和效度进行了检测，以保证接下来使用这些量表开展实证研究的科学性和准确性。

第五章：本章主要研究了在移动互联网环境下，作为消费者的移动互联网用户对品牌社区持续使用的意愿。研究发现，在移动互联网环境下，消费者使用品牌社区的感知易用性、感知有用性和感知互动性均对持续使用意愿具有正向影响。

第六章：本章主要探讨了在移动互联网环境下，在线品牌社区的感知特征对消费者与品牌社区之间关系的影响。研究数据证明，当移动互联网用户在移动互联网环境下使用品牌社区时，感知易用性水平、感知有用性水平和感知互动性水平越高，越对形成良好的消费者—品牌社区关系具有提升作用，品牌社区满意度、品牌社区认同度和品牌社区忠诚度也越高。

第七章：本章主要是分析品牌社区作为消费者与品牌关系之间的媒介，关注在移动互联网环境下消费者与品牌社区之间的关系如何影响消费者的品牌关系质量。研究发现，品牌依恋作为一个中介变量，将消费者与品牌社区的线上关系和线下消费者的品牌关系联结在一起，而且两者正相关。

　　第八章：本章是本课题的最后一章，主要对本课题的研究发现进行了归纳总结，并对开展品牌传播与管理的实践提供一些启示。最后，对本研究的局限性和研究前景进行了补充说明。

　　关键词：移动互联网用户；品牌社区；品牌传播；移动终端；新媒体

Abstract

China has entered the mobile internet era. It is a country with the largest number of mobile internet users in the world. In China, the quantity of mobile internet users accounts for more than 80% of all the internet users. Under the background of mobile internet, information and communication technology upgrading faster and consumers' media habits are more diverse, which innovates brand communication and management.

As a tool of brand communication and management, online brand community is widely used by brand owners and managers. It plays an important role in delivering brand value, carrying out brand communication activities and building strong brand. Both of Chinese and foreign scholars have launched research on brand community. But there is still no study to explain that how perceived characteristics of online brand community influence consumers' brand relationship quality when they use brand community. This study will explore this research question and find the mechanism, in order to provide implications to carry out brand construction practice and fill the theory gap.

At the same time, brand community in the environment of mobile internet is no longer like that in the traditional internet era. In the past, consumers only can access to visit brand community when they turn on the computer in the room, but now they can visit brand community through the phone, tablets and other mobile devices at anytime and anywhere. The situation that they use brand community has changed. Especially the mobile internet terminals have some unique features. For example, they are mobile, social, and locatable. These features influence consumers' habit of using media. Moreover, mobile internet users form a large group, which should be paid the attention in the research. Therefore, this project will focus on exploring what factors impact consumers' using behavior with online brand community in the mobile internet environment and how these factors influence consumers' brand relationship quality. This is the mechanism what this research will explain.

Through a series of empirical research, under the guidance of this overall research framework, there are three structural equation models that are established in this project. They will reveal the above mentioned problems in a scientific and meticulous way. This research content is divided into the following eight chapters.

The first chapter narrates the background of this project, research objectives, the research value in theory development and in practice, technology roadmap and innovative points, etc.

The second chapter is the part of theoretical basis and literature review. This paper conducts empirical research with the constructed model, which is not a castle in the air, but based on the study of the theory of extant research. Here two core theories are introduced and they are technology acceptance model theory and theory of use and gratification. In addition, the core concepts of brand community and mobile Internet environment are defined, and the related literature of brand community is reviewed.

The third chapter is about research design and mainly introduces basic train of thought in this project. Also, it proposes the overall research framework and describes the research procedures. Moreover, the measurement scale used in the empirical study is designed and explained.

The fourth chapter is mainly about collecting data and sorting data. After completion of the data collection, it briefly describes the sample group. In this part, according to the requirement of statistics, the scale of each variable is tested from the perspectives of reliability and validity, in order to make sure the scale is scientific and accurate.

The fifth chapter mainly studies the mobile internet users' continuance intention with brand community in the environment of mobile internet. The study finds that perceived ease of use, perceived usefulness, and perceived interactivity positively influence consumers' continuance intention in the context of mobile internet when they use brand community.

The sixth chapter mainly discusses the mechanism between perceived characteristics of brand community and consumer-brand community relationship in the environment of mobile internet. Research results show that in the environment of mobile internet, the higher consumers' perceived ease of use, perceived usefulness and perceived interactivity, the better relationship between customers and brand community is formed. Also, brand community satisfaction, brand community identification and brand community loyalty is higher.

The brand community is a medium between consumers and brand relationship. The seventh chapter mainly analyzes how the relationship of consumer-brand community influences consumers' brand relationship quality in the environment of mobile internet. It is found that the brand attachment as a mediator, mediates consumers' relationship in the online brand community and consumer-brand relationship offline. And they are positively related.

The eighth chapter is the last chapter in this book. It mainly summarizes the research results in this project and provides implications for carrying out the practice of brand communication and management. Finally, the limitations of this research and the research prospects are mentioned.

Keywords: Mobile internet user; brand community; brand communication; mobile terminal; new media

目　录

图目录

表目录

第一章　绪论

1.1　研究背景

1.1.1　移动互联网用户群体壮大

互联网技术引进中国以来在我国迅速发展，1994 年中国建成第一条宽带互联网。20 年后的今天互联网已经成为与我们生活和工作、学习密切联系的一部分。互联网把全世界联系在一起，成为"地球村"。根据中国互联网络信息中心在 2014 年 7 月的统计调查数据，我国的互联网网民数量已经达到 6.32 亿[①]。从 2010 年以来的发展趋势来看，我国互联网网民数量总体上保持持续增长趋势，但是增长速度在减慢，比如增长率在 2010 年 12 月时为 8.81%，到了 2014 年 6 月份增长率下降至 2.27%（如表 1-1 所示）。与此同时，互联网在中国的普及率达到 46.9%，简单地说就是几乎每两个人中就有一个人是互联网用户。但是，普及率也呈现整体在增长、增速在减慢的趋势（如图 1-1 所示）。

表 1-1　2010 年 6 月至 2014 年 6 月中国互联网网民规模

时间	互联网网民数量	增长率（%）
2010 年 6 月	4.2 亿	—
2010 年 12 月	4.57 亿	8.81
2011 年 6 月	4.85 亿	6.13

---

① 中国互联网络信息中心：《中国互联网络发展状况统计报告》，［2015-2-10］，http：//www.cnnic.cn/hlwfzyj/hlwxzbg/hlwtjbg/201407/P020140721507223212132.pdf.

续表

时间	互联网网民数量	增长率（%）
2011 年 12 月	5.13 亿	5.77
2012 年 6 月	5.37 亿	4.68
2012 年 12 月	5.64 亿	5.03
2013 年 6 月	5.90 亿	4.61
2013 年 12 月	6.18 亿	4.75
2014 年 6 月	6.32 亿	2.27

数据来源：中国互联网络信息中心：《中国互联网络发展状况统计报告》，[2015-2-10]，http：//www.cnnic.cn/hlwfzyj/hlwxzbg/hlwtjbg/201407/P020140721507223212132.pdf.

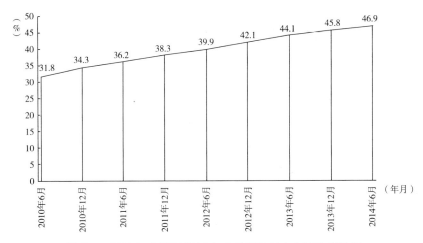

图 1-1　2010 年 6 月至 2014 年 6 月互联网在中国的普及率

数据来源：中国互联网络信息中心：《中国互联网络发展状况统计报告》，[2015-2-10]，http：//www.cnnic.cn/hlwfzyj/hlwxzbg/hlwtjbg/201407/P020140721507223212132.pdf。

在互联网网民规模和普及率增长速度放缓之时，随着智能手机的普及和平板电脑的热销，移动互联网作为后起之秀蓬勃兴起，移动网民数量直线上升，消费者已经进入移动互联网时代。中国互联网络信息中心的数据表明，中国移动网民数量在 2010 年 7 月仅有 2.77 亿，在 2013 年 12 月已经突破 5 亿，在 2014 年 6 月达到 5.27 亿，四年时间内中国移动网民数量增长约 1 倍，移动互联网用户数量在总体互联网用户数量中的比例也从 65.9%增长到了 83.4%（如表 1-2 所示）。受到智能终端数量和移动网民规模增长的推动，移动互联网网民规模继续保持较高的发展增速。据中华人民共和国工业和信息化部在《2014 年 11 月份通信业经济运行情况》中报告的数据，截至 2014 年 11 月中国移动互联网用户总数达到 8.70 亿[①]，是 2012 年移动网民数量的 2 倍。

表 1-2　2010 年 6 月至 2014 年 6 月中国移动互联网网民规模

时间	移动网民数量	移动网民占总体网民的比例（%）
2010 年 6 月	2.77 亿	65.9
2010 年 12 月	3.02 亿	66.2
2011 年 6 月	3.17 亿	65.5
2011 年 12 月	3.56 亿	69.3
2012 年 6 月	3.88 亿	72.2
2012 年 12 月	4.2 亿	74.5
2013 年 6 月	4.63 亿	78.5
2013 年 12 月	5 亿	81.0
2014 年 6 月	5.27 亿	83.4

数据来源：中国互联网络信息中心：《中国互联网络发展状况统计报告》，[2015-2-10]，http：//www.cnnic.cn/hlwfzyj/hlwxzbg/hlwtjbg/201407/P020140721507223212132.pdf。

移动互联网就是移动通信技术与传统互联网技术的结合体，与传统 PC 互联网相比，它们的核心理念是一致的，即将身处在世界不同角落的人群在网络虚拟空间上联结在一起。但是，移动互联网又具备了独有的特征，比如可移动性、便携性、GPS 实时定位、个性化、互动性强等特点。目前，从全世界范围内来看，我国的移动互联网用户数量最多，我国生产移动终端设备的数量在全球也是遥遥领先，移动互联网与我们的社会、工作、学习、生活等多方面的联系更加密切。

龚宏程、方晓明和龚宏锐（2014）对移动互联网的发展现状和未来的趋势进行了预测分析。他们认为到 2020 年以手机为代表的各类移动互联网

---

①　中华人民共和国工业和信息化部：《2014 年 11 月份通信业经济运行情况》，[2015-1-20]，http：//www.miit.gov.cn/n11293472/n11505629/n11506323/n11512423/n11512603/n11930035/16329801.html。

终端设备将达到 100 亿台，移动互联网也更加 SoLoMo 化（Social、Local、Mobile 三个英文单词的缩写），即"社交化、本地化、移动化"是它的发展趋势之一。移动互联网的异军突起对媒介产业格局和信息传播环境都带来了翻天覆地的变化，也使得人们的媒介使用行为方式发生变化，同时为企业开展营销沟通活动提供了新的媒介渠道。比如国内的移动互联网平台应用程序微信，它推出 433 天，用户数量便突破 1 亿；从 1 亿到 2 亿的时间则缩短至不到 6 个月；从 2 亿到 3 亿则进一步缩短至 5 个月以内。现在微信平台上有大量的品牌所有者（管理者）注册账户，建立与消费者实时互动沟通的品牌社区来维护客户关系，品牌所有者（管理者）通过文字信息、音频信息、图像信息和视频片段等多种形式与品牌社区内的消费者全方位地进行实时互动，消除了沟通时空间上的距离感。同样，以 BBS 形式呈现的品牌社区网站为了方便手机端等移动终端用户的使用，也在不断优化、改进移动客户端用户界面的友好性。

1.1.2　品牌传播与管理日益重要

随着经济全球化的发展，各国企业的产品同质化程度不断提高，品牌差异也有不断缩小的趋势，"酒香不怕巷子深"的时代正在成为过去。对于各国企业来说，即使产品的品质有较大的竞争力，但是如果想要在不同国家、不同文化环境的市场中达到理想的市场份额，仍然不是一件容易的事。基于顾客的品牌资产理论为在不同国家和不同文化下树立良好的企业和品牌形象、赢得顾客心智提供了理论视角。产品品质或产品内容再优异，如果不进行品牌传播，品牌信息不传递到消费者的认知范围内，它依然可能会被湮没、没有竞争优势，从而丧失市场份额。纵观品牌传播与管理的历史，在大众传媒出现之前，消费者之间的面对面口头传播是成就品牌的主要载体。技术的进步和传媒的发展带来了品牌传播工具的革新，报纸、广播电视、互联网等也随之出现。在互联网时代，口碑传播在许多情况下，特别是在同一地区、同一文化下，仍然不失为有效的品牌传播方式。

品牌传播究竟是什么？在中国知网，用"品牌传播"作为关键词进行检索，可以发现被引频次最高的关于"品牌传播"的文章由学者余明阳和舒咏平撰写，发表在 2002 年的《国际新闻界》。余明阳和舒咏平（2002）对品牌传播的概念内涵、品牌传播提出的背景及品牌传播的特点进行了详细介绍，他们认为品牌传播的内涵离不开品牌的含义。"品牌"的研究可以分为静态和动态两种方式，前者主要包括品牌的名称、价值、文化等静态的研究；后者则包括品牌的定位、延伸、保护等动态的研究，更加偏向与品牌经营、实务操作等相关方面的问题（余明阳、舒咏平，2002）。消费者是"品牌"的感知者，"品牌"存在于消费者的脑海中，消费者对"品牌"的好与坏进行评价并决定是否购买某"品牌"的商品；而生产商或企业是"品牌"的所有者，他们对品牌进行管理、经营。所以"品牌传播"正是消费者和品牌所有者之间的沟通桥梁，通过人际传播、广告、报纸、电视、公共关系等多种途径和传播策略，以提升品牌在消费者心智感知中的知名度和美誉度等，具有重要的作用。

全球市场一体化，竞争者在抢占市场份额这场没有硝烟的战争中，不得不借助品牌传播的力量，激烈的竞争是不可避免的。综观多家组织发布的全球品牌排行榜，我们不难发现最早开始使用广告、公关等手段开展品牌传播的总部在欧美的跨国公司品牌独占鳌头，而品牌意识较弱或者说品牌观念觉醒较晚的中国在各类国际品牌排行榜中的数量屈指可数。比如在2014 年 10 月发布的全球最佳品牌排行榜①（由全球著名的品牌咨询公司Interbrand 制定发布，全世界有三分之二的财富 100 强公司是它的客户，Interbrand 公司的品牌排名评估方法已经得到 ISO 的国际标准认证，具有较高的权威性和代表性）中，中国的品牌只有"华为"一个进入了前 100名，位于第 94 名，是中国第一个进入该榜单的品牌，其他品牌则大部分来自欧美等全球主要经济体，仅从排名前十的品牌中我们就不难看出。排名前十的品牌分别是：Apple（苹果）、Google（谷歌）、Coca-Cola（可口可乐）、IBM、Microsoft（微软）、GE（通用电气）、Samsung（三星）、Toyota（丰田）、McDonald's（麦当劳）、Mercedes-Benz（梅赛德斯-奔驰）等（完整榜单见附录一）。这个榜单的数据表明我国在全球范围内的知名品牌寥

① 《Interbrand 公布最佳全球品牌排行榜，华为首次上榜》，［2014 - 12 - 16］，http：//mi.techweb.com.cn/tmt/2014-10-10/2082255.shtml。

寥无几，远远落后于我国的实际经济发展水平。品牌传播未得到足够充分的关注，我国的各类行业都依然缺乏在世界范围内的强势知名品牌。因此，在今后的市场活动中，应当重视品牌传播的杠杆作用，用品牌的力量把中国的优质产品推向全世界，打造具有国际好评的一流品牌。

前面我们结合日常的市场商业活动中的问题，阐述了我国品牌建设还比较薄弱，需要重视品牌传播。然而，从根本上说品牌传播是在不知不觉中向消费者传递信息，对消费者进行劝说，使他们对某一个品牌形成偏好。在进行购买决策时，一旦提到某个产品品类，他们便可以像条件反射似的迅速联想到这个品类中的某品牌，从而进行优先考虑或购买，这才是品牌传播要达到的主要目的。品牌传播是作为纽带使品牌所有者建构的品牌形象等信息，在消费者脑海中产生印象，实现消费者与品牌的互动。产品的市场细分程度越来越精细，消费者的个人需求也更加多样化，品牌传播更容易聚合与品牌相关的信息去寻找目标受众，打动消费者，实现品牌传播效果的最大化。

当消费者在选购产品时具有选择权的情况下（即排除一些消费者没有选择权，只能购买属于垄断行业产品的情况），市场中往往存在许多具有竞争性的可替代产品，而这些可替代产品的质量水平往往参差不齐，有许多山寨产品或者假冒伪劣的商品，消费者每次购买商品时都面临着一些不稳定因素、承担一定的风险，存在某种程度的不安全感。而品牌通过传播具有一定的知名度和影响力，即产生品牌效应，是产品质量和安全的信用背书，当消费者选购知名品牌的产品时，会大大地减少因产品质量不合格风险或其他风险所带来的损失与不便。同时，作为知名品牌的企业（生产者），他们更加注重塑造积极向上的正面企业品牌形象和产品品牌形象，并持续地对品牌形象进行维护，促使企业不断优化改进产品，提升服务质量。长此以往，消费者在进行购买时，会优先考虑这一品牌，也节省了消费者比较不同品牌商品的时间和精力，提高了选择购买的效率，使他们拥有更好的购物体验，成为这个品牌的忠诚消费者。

而且，品牌代表的是一种特定文化符号，消费者购买这个品牌的产品而不选择购买另外一个品牌的产品，他们在进行购买时并不仅仅购买了产品的功能性价值、所有权等方面，而且还消费了特定的某种文化（张树庭，2005）。比如喝饮料，有的消费者一定要去星巴克消费咖啡，而有的消费者可能只去麦当劳消费可乐；再比如开汽车，奔驰轿车和比亚迪轿车同样都是人们生活中的交通工具，但是选择不同的品牌却代表了不同的文化消费阶层，体现了不同的身份和理念。消费者在青睐某个品牌的商品时，也往往会结合自身的受教育程度、生活方式、收入水平、内隐特征、生活环境、工作职位、价值观等多方面因素进行考虑，寻找与自己最匹配、最契合的品牌，产生共鸣。可能两种不同品牌而具备同一功能的产品均能满足消费者的需求，但是最匹配的品牌常常会给消费者带来除了功能性需求满足之外的情感诉求满足，使消费者对这一品牌具有更强烈的亲近感和认同感，消费体验也是愉悦的。但是，面对广播、报纸、电视、手机、互联网等铺天盖地的海量信息，消费者怎么才能在与生产者存在信息不对称的情况下，寻找到与自己最匹配的品牌商品呢？这当然离不开品牌传播这个工具将品牌的比较优势传达给目标受众。

特别是从 20 世纪 90 年代起，以消费者为导向这一原则在品牌传播与管理中的重视和应用，受到了学界和业界的一致认同。陈先红（2002）认为营销学中的 4C 理论（Consumer、Cost、Convenience、Communication 四个英文单词的首字母缩写，含义分别是消费者、成本、便利性、沟通）是以消费者为导向进行品牌传播与管理的理论基础，强调品牌所有者在进行品牌传播时，要考虑以消费者为导向，洞察消费者的消费心理。在此之前，业界一直在强调的是 4P 理论（Product、Price、Place、Promotion 四个英文单词的首字母缩写，含义分别是产品、价格、渠道、促销），即品牌所有者只关注产品，以产品为核心与消费者进行沟通。古语有云"知己知彼，百战不殆"，品牌传播的目的是在消费者脑海中形成品牌印象，打上品牌烙印，使其优先考虑购买该品牌的产品，如果只是盲目地以产品为核心，而不以消费者为导向，则会导致事倍功半的效果。在 2001 年，美国营销学者 Elliott Ettenberg 又提出了 4R 理论（Relationship、Reaction、Relevance、Reward 四个英文单词的缩写），强调在进行品牌营销传播与管理的过程中关系营销的重要性，品牌所有者要与顾客建立长期的互动关系，培育顾客的品牌忠诚度。随着互联网技术的普及，移动营销（mobile marketing）成为业界关注的焦点之一，美国的整合营销传播大师 Don Schultz 提出网络营销的 4I 原则（Interesting、Interests、Interaction、Individuality 四个单词的缩写），强调在互联网时代品牌营销传播过程中的互动性、趣味性、个性化、利益性。可见，消费者在企业开展品牌传播与管理活动中具有重要作用。

因此，有了优质产品的基础保证后，企业在进行品牌传播的过程中，首先应当关注消费者的具体需求，其次要了解品牌信息传播的模式，及时确定消费者对品牌传达出去的信息有什么反应、处于什么阶段。关于消费者对品牌信息反应过程的模型，最著名的有 AIDA 模型、效果层次模型、创新扩散模型、信息处理模型等，概括来说都主要包括认知阶段、情感阶段和行为阶段（陈先红，2002）。关于信息传播的模式，传播学中最早提出的最经典的理论是拉斯韦尔的 5W 模式，应用到品牌传播中，传者是品牌管理者，传播内容是品牌信息，渠道就是传播品牌信息的媒介，受众就是消费者及品牌利益相关者（段淳林、于小川，2010）。后来，营销学者汤姆·邓肯（Tom Duncan）在这个信息传播模式基础之上，又提出了一个整合营销传播模型（见图 1-2），简明扼要地解释了在新媒介技术环境下品牌信息传播的模式，促进了品牌传播的研究。

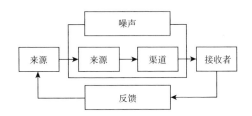

图 1-2 邓肯提出的整合营销传播模型

资料来源：段淳林、于小川：《传播模型的介入对品牌传播的影响研究》，《现代传播（中国传媒大学学报）》2010 年第 11 期，第 155 页。

1.1.3 移动互联网创新品牌传播与管理

传播媒介形态是在技术的推动下演进发展的，从古至今，从传统媒体到新兴媒体，从报纸到广播、电视、手机、互联网，每一种媒介形态的出现都是因媒体技术的变革而造成的，是"媒介技术"和"媒介使用情境"

博弈的结果（顾洁、田维钢，2013）。随着传播技术的发展，特别是近年互联网技术的不断革新，我们的社会受到了影响，出现了一些新变化。张国良（2011）认为这些新变化主要表现在四个方面：第一个是媒体的个人化，第二个是全民的媒体化，第三个是虚拟的真实化，第四个是社会的网络化。媒体的个人化是指以前在大众传媒主导时代，只有报社等组织机构和团体单位才掌握发布信息的技术，普通百姓难以在大众媒体上表达自己的观点，而在互联网新媒体时代，个人就可以很容易学习掌握这项技术。全民的媒体化则更不难理解，在媒体技术的推动下，我们每个人通过电脑、手机等设备就可以在互联网虚拟空间发表观点，与其他网民分享信息，形成网络舆论场。关于虚拟的真实化是指，以前当互联网刚兴起时，网络民意和现实民意常常相悖，存在矛盾。但是，现在虚拟民意和现实民意总体趋向一致，虚拟民意更加真实。社会的网络化是指人民在日常生活中的人际关系网络与虚拟的互联网络重合度越来越高，同样也可以理解为网络的社会化。

新兴的信息通信技术推动了新媒体的发展，移动互联网在移动通信和互联网的基础上发展而来，为消费者带来了全新的媒介使用体验，改变了品牌传播的路径。移动互联网是新的媒介生态环境，信息是碎片化状态，媒介也更加分散，移动互联网会改变以往既有的传播路径和传播逻辑，改变了消费者和品牌之间的关系（肖明超，2014）。肖明超（2014）认为以前消费者与品牌之间进行沟通，品牌管理者主要是靠提升品牌在公众媒介上的曝光率来获取消费者的认知。但是在移动互联网环境下，不仅消费者与消费者之间沟通方式发生了变化，消费者基于移动 GPS 定位技术或者根据相同的爱好建立联系，而且品牌与消费者的沟通方式也有变化，品牌也可以与消费者实现实时互动。同时在移动互联网的环境下，品牌管理者应当思考如何把品牌信息通过二维码或 Wifi 等技术、通过社会化媒体得到分享和点赞。

在移动互联网环境下，品牌营销传播的理念和思维方式也受到了影响。丁家永（2014）的研究表明移动互联促生了移动电商、品牌社区、盒子等新兴品牌营销传播模式，企业多有粉丝思维。粉丝的力量更加强大，企业倡导品牌价值共创，而粉丝不仅仅是过去以消费者身份去购买商品进行价值交换。粉丝在品牌社区中就是意见领袖，他们是品牌的狂热追随者，与企业的沟通非常频繁，能够参与品牌创新和品牌传播的环节，体现了消费者与企业协作创造价值。同时他们的观点将会影响到其他消费者，具有较大的号召力。特别值得注意的是，在这样的环境下，企业也形成了迭代思维、大数据思维、极致思维和平台思维。迭代思维即快速对品牌产品实现更新换代；大数据思维是通过大数据的挖掘，分析不同消费者的产品消费习惯、使用方式、购物偏好等，对目标消费者群体做到有的放矢的精准营销；极致思维则是要求品牌所有者发现自己的比较优势后，要尽可能做到极致，成为"领头羊"，吸引更多粉丝的青睐，并与其他消费者分享这个品牌信息；平台思维则主要强调共享和共赢，在合作中谋求发展（丁家永，2014）。

在移动互联网环境下，移动端是消费者与企业、品牌的核心接触点，品牌接触模式产生了变化，以手机为代表的移动终端是核心联结点，联结了消费者与品牌之间的关系（郑文坚，2014）。研究中，郑文坚（2014）还指出在这一背景下，消费者可以通过移动设备端的社交软件或网购平台与品牌建立联系，距离感弱化；消费者与品牌接触的主动性增强，但是接触的时间呈现碎片化状态；品牌信息也更加公开、透明、容易获取，比如从其他消费者的在线评网络论中得到相关信息；消费者通过移动端参与到品牌的对话中，在这个平台上，消费者有更多表达自己观点的机会，对品牌进行点评，即时性强，并及时反馈至品牌所有者。在移动互联网时代，时空距离感减弱，"草根"老百姓有了更多的话语权，正如上文所说的呈现媒体的个人化和个人的媒体化，而且展示的个性和观点更加真实、贴近现实状态。

移动互联网改变了消费者与品牌的沟通方式，品牌传播创意呈现新特征，其中包括：品牌传播创意的目的是要让消费者与品牌价值产生认同和共鸣，而不是基于产品的功能利益与消费者建立品牌关系；品牌传播创意的执行方式要实现跨媒体整合沟通，利用传统媒介与移动互联技术结合；吸引消费者参与内容生产、实现价值共创和分享、丰富消费者与品牌的互动体验（段淳林、林伟豪，2014）。在品牌创意传播过程中，首先要考虑到消费者在不同的环境下具有哪些偏好，做到精准传播，激起消费者关注、参与和互动的想法；采用移动互联网用户喜欢的方式传播品牌创意，让消费者乐于接受并进行分享扩散，实现消费者对品牌的认同。

1.2 研究目标与研究意义

1.2.1 课题研究目标

品牌社区的建立和应用已经非常流行且非常广泛，涉及服装、手机、汽车、电脑等许多行业，学界对品牌社区的研究也产出了许多成果，但是将品牌社区置入移动互联网环境下的研究才刚刚开始。因此，本研究《移动互联网用户的品牌社区使用及影响机制》在移动互联网环境下，主要结合技术接受模型理论、使用与满足理论、品牌关系理论等对移动互联网用户的品牌社区持续使用意愿，以及使用品牌社区对品牌关系质量的影响机制进行探讨。

（1）探讨移动互联网用户的品牌社区持续使用意愿影响因素

移动互联网环境下，作为消费者的移动互联网用户使用品牌社区与品牌所有者及其他消费者进行沟通，突破了传统媒体时代消费者与品牌所有者进行沟通的时空界限。消费者能够通过移动互联网终端设备连接互联网，发表自己的观点和评论，不像过去大众传媒主导的时代只有报刊、电视等官方组织和机构才有在公众场合发布信息的权力。移动互联网环境下，以手机为代表的移动设备成为消费者接收信息的第一个接触点，当消费者通过这些移动终端设备访问和使用品牌社区时，他们随时都可以获取品牌信息并分享信息，消费者的社会生活行为已经和移动互联网环境下的信息消费行为紧密融合。比如以移动互联网环境下比较成功的社交应用软件微信为例，微信有许多品牌企业的公众账号，移动互联网用户随时在闲暇空隙哪怕是在等公交车这样碎片化的时间，就可以滑动手指获取相关品牌信息，进行点赞、评论、留言互动。所以，笔者基于移动互联网的独特性，结合技术接受模型理论，特别是围绕品牌社区，分析移动互联网用户对其的持续使用意愿受到哪些主要因素的影响。

（2）建构一个移动互联网用户对品牌社区持续使用意愿的整合模型

以技术接受模型为基础，结合期望确认理论，引入品牌社区满意度这个构念，提出移动互联网用户对品牌社区持续使用意愿的研究框架，研究品牌社区的感知易用性、品牌社区的感知有用性、品牌社区的感知互动性和消费者对品牌社区的满意度、消费者对品牌社区的持续使用意愿等变量之间是什么关系，是正向关系还是负向关系，影响的程度又有多大。

（3）研究品牌社区的感知特征对消费者—品牌社区关系的影响

移动互联网网民规模不断扩大，品牌社区的移动网民用户访问量也相应增加，但是如何去衡量品牌社区的发展成功与否呢？通常，我们可以根据品牌社区的成员数量、参与程度等指标来衡量判断。但是，值得注意的是企业建立品牌社区的最终目的是与消费者进行更便利的沟通，提升消费者的参与程度，进而影响消费者的品牌消费行为，提升其市场份额。所以，本课题研究了品牌社区使用过程中，移动互联网用户对它的感知特征对消费者—品牌社区关系的影响，探讨这些变量之间产生影响的作用机制。

（4）剖析消费者—品牌社区关系对消费者—品牌关系质量的影响

移动互联网具有移动性、即时性等特征，消费者访问品牌社区也更加便利，久而久之，移动互联网用户随着对品牌社区的使用频次、使用时间增多，便会对品牌社区产生关系。特别是如果消费者可以持续从品牌社区中获取到他们期望得到的信息，能够高效、便利地与品牌社区内的其他消费者或者与品牌所有者进行交流互动，他们会对品牌社区这个品牌传播媒介表示认同和忠诚，甚至产生媒介依赖，将对品牌社区的使用视为日常生活中不可或缺的一部分。这种消费者与品牌社区的关系势必影响到消费者的品牌关系质量，在此，本研究将引入品牌依恋这个中介变量，来探讨二者之间是什么关系。

（5）根据研究结果为开展实践操作提供建议

通过开展实证研究，构建结构方程模型，发现移动互联网用户愿意长期持续使用品牌社区的影响因素，同时也发现品牌社区的感知特征如何通过消费者与品牌社区之间形成的关系，进而影响到消费者—品牌关系质量这一作用机制。基于此，我们将对企业如何利用品牌社区开展品牌传播与管理提供切实可行的建议。

1.2.2 研究意义

品牌社区是品牌营销传播的重要工具，对企业提升品牌价值具有积极的促进作用。研究品牌社区的持续使用意愿和它对品牌关系质量的影响机制，将有助于企业借助品牌社区开展品牌传播推广活动，促进我国自有品牌的培育模式创新，打造具有影响力的强势品牌。而且，在移动互联网环境下，品牌传播产生了新变化，消费者在使用品牌社区时互动性更强，其使用方式、行为习惯、使用情境等都出现了许多新特点，而目前关于品牌社区在移动互联网环境下使用的研究还较少。移动网民用户数量规模日益扩大，反映了媒介形态革新带来的进步。因此，本课题具有重要的研究意义。

（1）理论意义

第一，丰富了品牌社区的研究视角。移动互联网是互联网通信技术发展的最新产物，移动互联网网民的群体规模不断壮大，然而对这个群体的研究并没有充足的关注。特别是在对品牌社区的研究中，大多数学者研究的是传统媒体时代下品牌社区的形成、消费者的参与等问题，将品牌社区与移动互联网环境相结合的研究才刚刚出现。因此，本书研究了移动互联网环境下移动终端用户对品牌社区的持续使用意愿及影响机制，丰富了品牌社区理论的相关研究。

第二，扩展了品牌传播的研究范畴。将技术接受模型理论、人际互动理论、品牌关系理论等整合到一个模型中来，为品牌传播理论的发展引入了新的内容。同时，本研究将消费者—品牌社区的线上关系与消费者—品牌关系质量的线下关系联结起来，探讨了二者之间的影响机制，也是一点理论贡献。

第三，延伸了技术接受模型的应用范围。技术接受模型理论最初是研究用户使用某一信息系统时，感知易用性和感知有用性两个因素对他们的使用态度和接受意愿的影响。本研究加入了感知互动性这个因素，结合期望确认理论，构建了移动互联网环境下消费者的品牌社区持续使用意愿模型，丰富了技术接受模型理论，扩展了其在品牌传播媒介方面的应用。

（2）现实意义

总的来说，本研究有助于指导品牌所有者和品牌管理者利用品牌社区在移动互联网环境下开展品牌传播与管理等实践活动。具体来说，本研究的现实意义主要包括以下方面。

首先，通过本研究可以比较清晰地知道在移动互联网环境下，品牌社区感知特征的哪些维度会影响移动互联网用户的持续使用意愿，以及哪个维度的影响程度更大。只有明确了那些关键的影响因素，品牌管理者才能够在具体的品牌传播工作中做到有的放矢，具有针对性地开展品牌沟通活动。

其次，通过本研究可以明确移动互联网环境下移动互联网用户使用品牌社区时所形成的消费者—品牌社区关系如何影响消费者与品牌的关系质量，可以帮助品牌管理者明确着重培养消费者—品牌社区关系的哪些方面，为企业培育消费者—品牌关系指明了道路。

1.3　研究内容

在前期研究成果和文献梳理的基础之上，本书将围绕"移动互联网用户对品牌社区的使用"这个对象，从移动终端用户如何使用它及其带来的影响这个方面展开研究。本课题的主要内容包括以下四大部分。

第一，通过理论文献梳理和消费者访谈，明确了在移动互联网环境下影响移动互联网用户对品牌社区持续使用意愿的核心因素。

第二，结合技术接受模型理论和期望确认理论，构建了移动互联网用户对品牌社区持续使用意愿的结构方程模型。

第三，明确从品牌社区满意度、品牌社区认同度和品牌社区忠诚度三个维度来考察消费者与品牌社区之间的关系，通过结构方程模型验证了消费者在移动互联网环境下参与使用品牌社区的感知特性对品牌社区关系的影响。

第四，引入品牌依恋这个中介变量，将线上关系（消费者与品牌社区的关系）和线下关系（消费者与品牌的关系）连结起来。同时，也采用实证数据验证了移动互联网环境下二者之间的作用机制。明确品牌社区作为品牌所有者和品牌管理者与消费者沟通的平台，以及作为消费者群体成员之间沟通互动的渠道，在移动互联网用户从使用这一品牌传播平台到形成良好的消费者—品牌关系中扮演的角色如何发挥作用。

1.4 研究方法与技术路线

1.4.1 研究方法

从整体上来说，为了研究移动互联网用户对品牌社区的持续使用意愿及其对品牌关系质量的影响机制，本研究采用了定性研究与定量研究相结合的方法，也结合了"应该怎么样"的规范研究和"是什么"的实证研究等方法。具体研究方法如下所示。

（1）文献分析法

通过大量阅读与品牌社区、品牌传播、移动互联网相关的中文文献和英文文献，经过梳理分析，理清当前不同学者对品牌社区使用行为和品牌关系影响的现有研究，为本书的研究设计和开展实施提供理论支持。主要使用的外文文献数据库是 SCOPUS、EBSCO、SAGE、Web of Science、Google Scholar 等；中文文献数据库主要是中国知网、维普和万方等。

（2）深度访谈法

在明确影响移动互联网用户对品牌社区的持续使用意愿影响因素时，为了更好地提炼出与实际使用体验中最贴近的因素，招募了一些品牌社区的移动终端消费者进行访谈。在正式开展问卷调查前，通过深度访谈更深入地了解移动互联网平台消费者使用品牌社区的感受，为形成初步的问卷提供参考建议。同时，在设计问卷时，有一些测量项目是翻译自英文文献，所以为了避免歧义，修订不符合中国思维表达的句子，也特意与消费者和指导老师进行了访谈，以保证问卷的准确性和科学性。

（3）问卷调研法

根据本书的研究框架模型，确定使用问卷调查的方法。在进行正式阶段的问卷调研之前，先小规模发放一些问卷，检查问卷是否存在问题，对表述不清楚或存在偏差的测量题项语句进行修订。同时，选择成熟的经典量表进行构念测量，英文问卷则通过互译的方法预先进行试填并邀请专业的营销学和传播学教授进行审核；没有成熟量表的构念则通过自行设计问卷测量，首先进行信度和效度检验，其次采用因子分析，确保问卷准确测量相关构念。

（4）统计分析法

本研究拟对收集到的数据，利用 SPSS 统计分析软件和 AMOS 结构方程模型软件，进行相关分析、方差分析、回归分析、路径分析和结构方程分析等。首先对回收的样本群体进行问卷作答人员基本信息的（比如年龄、教育背景、使用品牌社区时间等）描述性统计分析，其次对本课题研究框架中涉及的多个变量之间的关系和影响路径进行分析，最后使用结构方程模型验证文中提出的假设，从而得到研究结论。

1.4.2 技术路线

本书主要探讨在移动互联网环境下，移动互联网用户对在线品牌社区的持续使用意愿及其对消费者—品牌社区关系以及消费者—品牌关系的影响。技术路线图见图 1-3 所示。

1.5 研究的创新之处

本课题在前人研究基础之上，设计了本书的研究框架，创新点主要有以下方面。

（1）研究视角的创新

以往研究品牌社区的文章多是关注品牌社区的线下活动，以及在传统 PC 互联网使用情景下的相关研究，本研究关注的是移动互联网环境下移动互联网用户的品牌社区使用及影响机制，具有一定的创新性。同时，以往的研究大多是关注品牌社区的构建管理、形成机理、发展历史，品牌社区对消费者品牌忠诚的影响，品牌社区的凝聚力，品牌社区的消费者参与动机等。还鲜有学者研究品牌社区使用的影响机制，即很少有人关注作为消费者的移动互联网用户在使用品牌社区的过程中如何通过品牌社区的线

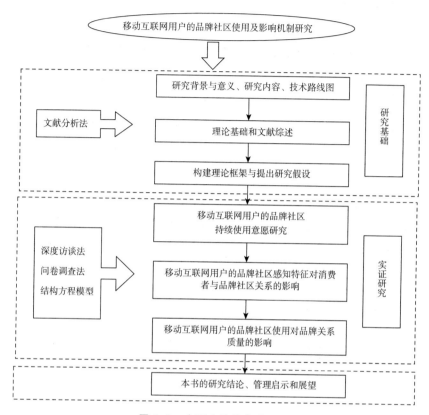

图1-3　本研究的技术路线图

上关系进而影响消费者与品牌的线下关系。

（2）跨学科的理论研究

以往关于品牌社区的研究主要集中在营销学和管理学两个学科，本研究将从传播学视角，将人际传播学中的互动理论、使用与满足理论，心理学理论和品牌营销学理论，信息管理学的技术接受模型理论等综合起来进行研究，具有创新性。

（3）构建了品牌社区持续使用意愿的模型

以往关于品牌社区的使用研究有很多角度，比如研究消费者在使用过程中形成的社会资本、社会网络密度、人际关系、品牌信任，消费者在品牌社区的参与程度等，但是还没有从一个长期动态的角度来看待消费者如何持续使用品牌社区，特别是在移动互联网环境下移动互联网用户的使用行为，所以这也是一项创新。

（4）探索了品牌社区关系如何影响品牌关系质量

消费者在移动互联网环境下使用品牌社区，他们的品牌社区关系形成于网络虚拟空间，但是消费者所接触了解到的品牌、企业等在我们现实社会中是存在的，以往有学者指出品牌社区对消费者与品牌的关系存在中介作用，但是并没有明确地、系统地去论证它们之间的具体影响机制。特别是在移动互联网环境下，移动互联网具有移动性、即时性、碎片化等特征，会影响消费者使用品牌社区的情境、行为习惯等，使其发生改变。那么在移动互联网环境下，移动互联网用户是怎样由品牌社区的使用对品牌关系质量产生影响，这个问题在现存文献中也没有明确回答。而本书对此展开了系统的实证研究，是为创新点。

第二章 理论基础与文献回顾

2.1 移动互联网的概念界定

移动互联网是信息技术科学领域的研究热点，中国互联网络信息中心（CNNIC）发布的移动互联网研究报告，从广义和狭义两个角度对"移动互联网"进行了定义：网民通过使用各种移动设备连接移动网络，获取移动通信网络服务，即广义上的移动互联网；狭义的移动互联网是指仅通过手机连接移动互联网获取数据和信息服务。中国工信部电信研究院 2011 年发布的移动互联网白皮书，明确指出移动互联网就是由移动终端、移动网络和应用服务三个方面所构成，采用移动网络接入网络而提供的互联网服务。移动互联网创新了传统互联网业务，比如将传统互联网业务体系中的浏览业务和移动通信服务相结合成为移动浏览，将传统互联网业务中的电子商务和移动互联网结合后发展移动电子商务等①。丁时杰、舒华英、闫强（2010）认为移动互联网是以传统的互联网为中心，结合了移动互联网的移动性、可定位性等特征所形成的产物，具有超时空、高互动的特点。梁晓涛和汪文斌（2013）认为移动互联网与传统互联网的不同之处主要体现在终端、接入网络的方式和网络应用等三个方面，它更强调在移动情境中使用。移动互联网的架构如图 2-1 所示。

罗军舟、吴文甲、杨明（2011）在文章中就指出国外著名的社交平台 Twitter 的所有用户中 50% 是移动用户，40% 的微博信息来自移动终端设备。

---

① 中国工业和信息化部电信研究院：《2011 年移动互联网白皮书》，［2015-2-10］，http：// course. baidu. com/view/6d0417e9998fcc22bcd10d2c. html？re＝view。

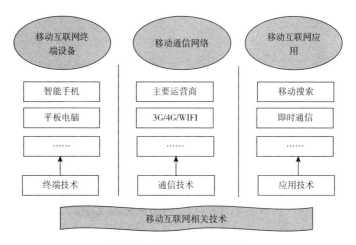

图 2-1 移动互联网的架构

越来越多的用户通过移动设备访问网页、登录社交媒体平台等，移动互联网为消费者带来了许多改变，比如改变了生活方式、学习方式、工作方式、支付购买方式等，在移动互联网环境下用户与终端的交互方式是通过屏幕触碰实现的，而传统互联网环境下交互方式是通过其他设备操控的。移动互联网广泛地应用在我们现实社会中的许多方面，比如移动智能终端的电子阅读，在这方面做得最成功的应该是 Amazon Kindle（亚马逊公司的一款电子书阅读终端设备）；社交与移动支付结合，在 2015 年微信红包、支付宝红包在春节期间再次改变了消费者的消费习惯，刺激了互联网金融的创新，移动互联网的应用范围在将来还会不断融入更多行业、更多领域，刷新我们对移动互联网的认识。李高广（2008）还特别指出，虽然虚拟社区是在传统互联网环境下发展壮大的，但是在移动互联网环境下，将这项业务置入到移动互联网中非常有商业前景，将会为消费者提供更好的应用体验，因为消费者实现了在有线社区和无线社区之间的自由切换，使用更加便利。

因此，本研究中移动互联网环境下的品牌社区是指品牌所有者建立的一个品牌传播与管理平台，它需要通过移动互联网终端设备连接移动互联网而被消费者使用，消费者在这个品牌社区平台上围绕某一个具体的品牌，与其他消费者发生互动行为，同时也与品牌所有者或品牌管理者开展对话活动。移动互联网环境下的品牌社区使用具体表现如：在手机、平板电脑、上网本等移动终端上连接网络访问微博、人人网等社交媒体平台上的品牌官方主页、品牌官方 BBS 网络论坛以及品牌官方的 APP 应用软件等。

2.2　相关理论基础

2.2.1　技术接受模型理论

技术接受模型理论（Theory of Technology Acceptance Model，TAM）是 Fred D. Davis 1985 年在他的博士学位论文中第一次提出的，虽然在此后的 20 多年中不断地有解释和预测信息系统使用的模型被提出，但技术接受模型理论不断发展，成为被广泛引用的经典理论。当时提出的背景是，在 20 世纪 70 年代，许多组织机构的信息系统使用受挫，信息系统成为许多研究人员感兴趣的领域（Chuttur，2009）。Davis 认为预测消费者对电脑接受行为的有效测量量表还不够完善，许多研究中的测量指标与系统使用都不是高度相关的，研究因为没有高质量的测量指标而受到限制；在实践活动中许多主观方式的测量被广泛使用，主观测量是无效的却很少引起关注，并且测量也不能反映用户与系统使用之间的关系是怎样的状态。在技术接受模型理论中，他开发了一个新的测量角度并经过实证的验证，认为用户对电脑系统的感知有用性（perceived usefulness）和用户对电脑系统的感知易用性（perceived ease of use）应当是影响用户采用这个信息系统行为的根本性决定因素。

技术接受模型理论是 Davis 在理性行为理论（Theory of Reasoned Action，TRA，如图 2-2 所示）的基础上发展而来，最初只是为了解释电脑使用行为。理性行为理论模型来源于社会心理学，它主要关注意识里有意愿的行为，它在研究意愿问题方面很成功，已经在很多广泛的领域里预测和解释了人们的行为，具有很好的可推广性，也可以用于研究电脑使用行为。根据这个理论，一个人的特定行为表现是受到他的行为意愿的影响的，但是行为意愿又同时受到个人对这个行为的态度和主观规范的决定性影响。技术接受模型理论在这个理论根基上对感知易用性、感知有用性、用户态度、用户意愿和电脑的实际接受行为等变量之间的关系进行了具体化，它并没有理性行为理论的普适性程度那么高，这个理论在最初应用中只是为了解释电脑使用行为（如图2-3所示）。

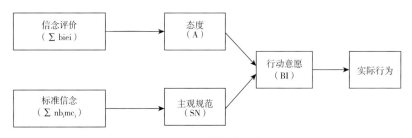

图2-2 理性行为理论

资料来源：Davis，F. D.，R. P. Bagozzi，P. R. Warshaw，"User acceptance of computer technology：a comparison of two theoretical models"，*Management Science*，1989，35（8），pp. 982-1003。

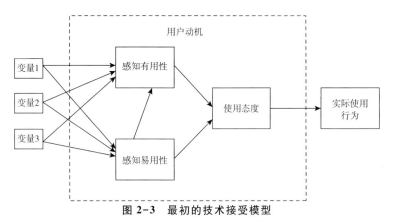

图2-3 最初的技术接受模型

资料来源：Davis，F. D.，"A technology acceptance model for empirically testing new end-user information systems：theory and results"，Doctoral Dissertation of Massachusetts Institute of Technology，1985，p. 24。

在图2-3这个模型中，Davis认为感知易用性对感知有用性具有直接影响，感知易用性和感知有用性又同时对用户的使用态度产生影响，进而决定用户是否实际采用了该系统。此后技术接受模型理论的后续研究，将行为意愿作为一个新的变量引入到模型中，因为Davis认为当一个信息系统被认为非常有用时，用户可能不对它形成任何态度时就产生了使用意愿，所以对图 2-3 中的模型进行了修正和补充（如图 2-4 所示）。

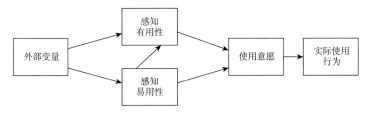

图 2-4　最终形成的技术接受模型理论

资料来源：Venkatesh，V. & F. Davis，"A model of the antecedents of perceived ease of use：development and test"，*Decision Sciences*，1996，27（3），pp.451-481.

Davis 在 1989 年的研究中首先通过前测对感知易用性和感知有用性等测量指标项目的内容效度进行了检测，然后又邀请了 152 个用户开展了两个实证研究，对测量指标的信度和结构效度进行了评估。结果显示感知有用性和感知易用性的测量指标得到精练，更加简单合理化，表明感知有用性和感知易用性两个感知特征都与参与被试者当前时间的接受使用行为显著相关，同时用户在未来时间的接受行为意愿也可以通过感知有用性来解释和预测。在 Davis 开发相关测量量表的研究中，感知有用性主要是受到 Schultz、Slevin、Robey 等人关于"表现水平"（performance）的启发而引入技术接受模型中来，因为他们认为当一个系统或技术不能够帮助人们出色地完成工作时，即使安装启用了，也不可能被用户欣然接受使用；感知易用性是在 Bandura 关于自我效能感的延伸性研究中得到启示，Bandura 将自我效能感定义为通过分析预期情景，个人对他能够成功执行行动过程的判断，Davis 认为感知易用性与自我效能感相似。自我效能信念是对行为影响的比较邻近的决定因素，影响行为决策。

在后来的研究中，Hendrickson、Massey 和 Cronan（1993）进一步对技术接受模型理论中各指标的量表信度进行了重新检测，结果发现 Davis（1989）开发的量表信度很好；Chun Hua Hsiao 和 Chyan Yang（2011）对技术接受模型理论的应用范围进行分析，发现它不仅应用在信息科学领域，同时也应用在电子商务领域，以及在线电子游戏、移动服务等诸多领域；同时还有一些研究将用户的个人特征加入模型中，观察不同用户组对这个模型的调节效应（Chung J. E.，N. Park，H. Wang，et al.，2010）等。

2.2.2　使用与满足理论

使用与满足理论（Uses and Gratifications Theory）是传播学中大众传播效果研究的重要理论，最早由卡茨（Elihu Katz）提出。Jennings Bryant 和 Dorina Miron（2004）在《新闻与大众传播季刊》（*Journalism and Mass Communication Quarterly*）、传播学研究（*Journal of Communication*）和《广播和电子媒体期刊》（*Journal of Broadcasting and Electronic Media*）等三本期刊从 1956 年到 2000 年刊载的所有文章中抽样选择了 45 期的样本进行内容分析，发现使用与满足理论和议程设置理论（Agenda Setting Theory）是使用频次最多、最流行的两个理论。

使用与满足理论是 1959 年提出的，当时学者 Bernard Berelson 声称传播学研究将要消亡，Elihu Katz 对他进行了回应，认为传播研究的角度应当做出改变，从研究媒体对人类做了什么转向研究人类对媒体做了什么，卡茨的这个观点是说大众传播研究要从受众是被动的研究范式转向受众是主动的研究范式（Jennings Bryant 和 Dorina Miron，2004）。

使用与满足的理论框架（如图 2-5 所示），假定人们选择使用媒介是主动的行为并且带有一定的目标性，而不是原来那样认为人们是被动接受大众传媒信息的；人们使用大众传媒是为了满足自己的需求（段鹏，2008）。从这个角度来看，其实使用与满足理论是尝试解释受众在他们自己所处的环境中，选择什么样的资源、使用什么样的沟通来满足他们的需求，达到他们的目标。"受众是主动的"有三层含义：首先是效用性，人们使用媒介是为了传播；其次是人们的传播行为是有意图或者有动机的；再次是可选性，人们的欲望或兴趣影响传播的选择以及内容（Leung 和 Wei）。

概括地说，许多研究使用与满足理论的文献都能得到这样的结论，就是受众受到动机的驱使，主动使用某种媒介寻找满足，目的常常是为了实现心理方面的需求，比如寻找信息、获得娱乐或者伙伴关系等。马斯洛将这些心理需求描述为认知或情感方面的需求（Dimmick et al.，1994；Maslow，1970）。在传统研究阶段，使用与满足理论被应用到对印刷媒介、广播媒介、电视媒介的研究中；在现代研究阶段，它被应用到政治选举、

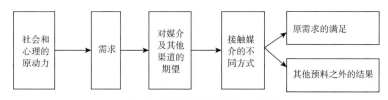

图 2-5　使用与满足的基本框架

资料来源：胡正荣：《传播学概论》，北京广播学院出版社，第 305 页。

恐怖事件、电子邮件等研究中（段鹏，2008；Dobos，1992）。

使用与满足理论研究了受众选择使用媒介的心理动机，用于分析一些社会现象，从受众的角度出发考虑大众传播效果，是大众传播效果研究上的一个重要理论，但是它依然受到一些批评。比如，人们在日常生活中使用某种媒介、消费媒介并非都是具有目的性的动机，也有可能是出于习惯的原因而发生的媒介使用行为（陆亨，2011；Rubin，1983）；Blumler（1979）还指出受众不应当只分为主动和被动两种，主动性是一个程度上的表现，并没有很清晰的界定等。

2.3　品牌社区研究回顾

在移动互联网时代，网络论坛、博客、微博、SNS 等种类繁多的社交媒体（social media）蓬勃发展。品牌社区（brand community）作为社交媒体的一种应用平台，融合了品牌传播和社交互动的功能特征，是新兴的沟通媒介和互动方式，最早由 Muniz 和 O'Guinn 在 2001 年提出，近年也已成为学术界和业界的前沿研究问题。

在过去的十年多时间里，国内外对品牌社区的研究取得了一定成果。学者们对品牌社区进行综述的文献数量不多，而且主要是基于西方文献，比如对品牌社区的研究内容和研究方法进行了整理和评述（王新新、薛海波，2008），还有一些学者是对品牌社区的含义、特征、演进过程进行了归纳（李红柳，2007；王毅、王兴元，2009；沈杰、王詠，2010），刘国华和邓新明（2011）仅以 2000 年后研究品牌社区的西方文献为样本，从其定义、特征、分类及对消费行为的影响等若干方面进行了梳理；Stefano

Brogi（2014）对品牌社区的起源、定义，以及企业如何利用品牌社区达到预期目标的关键影响因素等问题进行了梳理。关于品牌社区的具体研究方向和研究内容，下文将进行详细的综述。

2.3.1　品牌社区概念

"品牌社区"（brand community）是从"消费社群"（consumption community）这个概念演变发展而来的，消费社群在 1984 年由 Boorstin 提出，Boorstin 认为消费社群原本就是指不同的消费者在处理选择消费购买什么产品以及应当如何去消费等相关问题而形成的虚拟无形族群（王战、蒋浩，2011；刘国华、邓新明，2011），但是当时在谈消费族群的时候并未提及品牌的作用，消费族群并不是因为消费者为了选择购买某品牌的产品而形成的虚拟组织。"品牌社区"这个概念是 2001 年由学者 Muniz 和 O'Guinn 通过观察计算机社区及汽车社区后正式提出的，他们认为，品牌社区是种特定的、不受地理空间范围所局限的社区，建立在消费者的社会关系基础之上，这些消费者都使用共同的某个品牌[①]。Jang 等（2008）则认为虚拟品牌社区是企业为了与那些对某一品牌有共同爱好的消费者维持长久的关系，并获取他们积极反馈的信息而建立的网络平台。

　　黄静和王利军在 2004 年将品牌社区的概念从西方引进到中国，介绍了品牌社区的内涵、主要特征、意义，黄静和王利军（2004）在这篇文章中对品牌社区的介绍是遵循 Muniz 和 O'Guinn 的定义，品牌社区的特征主要是成员有共同的价值理念（也可以理解为品牌社区意识），品牌社区有自身独特的历史传统和宗教信仰般的仪式，品牌社区成员对自己的职责有认同等等。还有学者认为，品牌社区就是把社会学中的社区概念和营销传播学中的品牌概念黏合在一起所组成的，这个社区比社会学中所讲的广义上宽泛的社区概念更具体化，它的社区成员都是对某个品牌具有偏爱，品牌个性与他们的生活理念或价值观比较相近，他们认同这个品牌，有共鸣感（万婧，2005）。

[①]　Muniz Jr. , A. M. , T. C. O'guinn, "Brand community", *Journal of Consumer Research*, 2001, 27（4）, pp. 412-432.

本研究中的品牌社区是指品牌所有者在虚拟空间建立的供消费者之间以及品牌使用者和品牌所有者（或品牌管理者）之间进行对话沟通的平台，品牌社区内的成员以品牌为媒介而聚集起来，它的具体表现形式可以为品牌所有者建立的品牌社区论坛或在社交媒体平台建立的品牌官方主页等。

2.3.2　品牌社区的形成和发展

关于品牌社区的产生，王原（2011）从品牌的角度出发，将品牌传播效果分为三个层次，分别是品牌具有知名度、美誉度、拥有消费者的忠诚度，特别是在忠诚度层面需要有拥护同一个品牌的消费者群体。这也就是前文中提到的消费社群，是品牌社区形成之前的雏形，聚集了消费同一品牌的消费者。

周志民（2006）从消费者角度出发，考虑他们加入品牌社区的原因，结合顾客让渡价值理论，构建了品牌社区形成的机制模型（图2-6）：首先就是要向消费者传递一种信息，使其对品牌社区产生价值期待心理，然后主动加入品牌社区获得体验，一旦享受到满意的体验就会对品牌社区产生忠诚，向其他消费者推荐，如此循环从而不断扩大品牌社区的规模。刘淑强（2009）结合顾客让渡价值理论，分析了消费者参与社区的行为动机，为企业开展品牌社区的建设提供了若干建议。

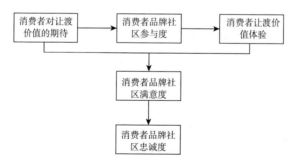

图 2-6　品牌社区形成机理

资料来源：周志民：《品牌社群形成机理模型初探》，《商业经济与管理》2006年第11期，第74~79页。

消费者的参与是影响品牌社区发展的重要因素，王新新和薛海波

（2008）结合心理学的动机理论进行分析，发现顾客在使用品牌社区时首先受到社交动机的驱使，其次是娱乐动机和信息动机等。但是，王新新和薛海波的这项研究当时是属于探索性研究，问卷的设计开发也是首次，信度和效度需要再检验。赵卫宏和王东（2011）从消费者的视角出发，分析了搜寻有效信息等五个使用动机分别对消费者的寻求式参与行为和互动式参与行为的影响。王斌（2011）研究了消费者参与品牌社区的内在动机，比如使用品牌社区为了获取经济利益、信息、社会地位等，这些动机都会引导消费者加入品牌社区。

薛海波和王新新（2011）结合当下比较流行的社会关系网络分析的理论，研究了品牌社区内成员之间的关系网络密度，网络密度越高对品牌社区的认同感越强，对品牌也越忠诚。这项研究为企业培育消费者的品牌忠诚带来一些启发，可以使企业更加深入地了解品牌社区形成中消费者的关系网络密度的作用，但是研究对象中所选择的品牌社区内消费者女性居多，因此仍然存在一些局限性。

眭雅婷和吕艳丽（2011）对品牌社区的发展策略进行了研究，认为品牌社区的发展不仅仅是成员数量规模的扩张，更关键的是鼓励消费者在品牌社区内积极发言、互动等，提升社区内成员对所在品牌社区的认可度；同时，指出品牌社区在发展中要营造社区氛围，培养消费者之间的相互信任，吸引新成员加入，充分了解消费者需求，聆听他们的声音，形成良好的沟通机制，不断提升消费者在品牌社区的融入程度。

Habibi、Laroche 和 Richard（2014）认为，对当代的营销研究人员和管理人员来说，社交媒体上的品牌社区非常重要；他们研究了社交媒体平台上品牌社区的独特性及运营管理，认为应当注重这些独特性，比如社交情景、品牌社区架构、品牌社区规模、社区内容等。

2.3.3 品牌社区的使用及影响

Zheng 等（2015）研究了 SNS 网站中消费者的在线品牌社区参与对构建品牌忠诚的影响，他们选择了 185 个 Facebook 的用户以问卷调查的方式进行了实证研究，结果发现当用户参与在线品牌社区时，他们更倾向于关注从使用中获得什么收益，而不是关注花费什么成本代价；结果还表明品牌社区承诺作为中介变量，用户的参与行为越活跃，他们的品牌忠诚度越高。

金立印（2007）从感知价值的角度研究了品牌购买者使用品牌社区对他们保护品牌的倾向以及抵制竞争品牌的倾向所带来的影响，他具体将感知价值从社交、经济效用等角度考虑，分为财务价值等五个维度，这些价值维度中社交价值、信息价值、娱乐价值通过社群意识对保护品牌有促进作用，除形象价值维度之外的其他四个价值通过品牌社区忠诚度对保护品牌有正向影响。

Habibi、Laroche 和 Richard（2014）研究了社交媒体上的品牌社区和顾客的品牌信任之间的关系，指出品牌社区和社交媒体常常存在重合交叠之处，社交媒体是建立品牌社区的理想环境，但是目前关于这种实践行为产生的利益和后果等问题的研究还非常少。

Bruhn、Schnebelen 和 Schafer 等（2014）选择了一些 IT 行业的品牌社区，对品牌社区内消费者之间互动质量的前因和后果进行了研究，发现品牌社区信任会提升消费者之间的互动质量，消费者的互动质量对功能体验型的品牌社区带来颇多益处，而且还可以提升消费者的品牌忠诚度。

通过对比较有影响力的文献以及对最新研究的回顾，我们发现将品牌社区与社交媒体整合交叉研究是一个发展趋势。研究者关注了品牌社区对品牌建设的作用，但是并没有对移动互联网环境新视角下移动互联用户的品牌社区使用行为给予研究重视。而且，从品牌社区自身的感知特征角度出发，探寻其产生的影响也较少，说明还有研究方向可以来完善品牌社区的研究，也在理论研究层面说明本研究的必要性。

第三章 研究设计

3.1 研究思路

本课题致力于研究移动互联网环境下移动互联网用户对品牌社区的持续使用意愿及其影响机制，为了实现这一研究目标，本课题将首先从移动互联网发展趋势、品牌传播与管理的重要性、移动互联网创新品牌传播与管理等三个方面进行了研究背景的分析。在技术接受模型理论、人际互动理论、期望确认理论、品牌关系理论等基础之上，建立了三个实证研究模型，对移动互联网环境下移动互联网用户的品牌社区持续使用意愿、移动互联网用户的品牌社区感知特征如何影响消费者与品牌社区的关系、品牌社区关系如何影响消费者与品牌的关系质量等问题展开了深入的研究。本研究旨在丰富品牌社区理论和品牌传播理论的内涵，同时也为了向企业和品牌管理者等借助品牌社区开展有效的品牌传播活动提供了启示。

本课题的基本研究思路如下。

第一，结合现实背景，挖掘研究问题。移动互联网与人们的日常生活存在紧密的联系，移动互联网网民数量也在不断攀升。新的传播技术带来了许多新的变化，人们的媒介使用习惯也发生了变化，品牌传播与管理的方式也呈现了新特点。移动互联网技术要求品牌管理者在新环境下有所创新，但同时品牌管理者自身也需要不断创新、学习新的理论，才能更好地指导工作的开展。

第二，结合技术接受模型理论，引入影响消费者对品牌社区持续使用意愿的因素——感知易用性和感知有用性。同时，在移动互联网环境下，移动化的使用情境显著地改变了消费者的第一信息接收触点，消费者可以通过以手机为主的移动终端设备参与品牌社区的交流互动，人与人之间的互动性程度有所提升。因此，将感知互动性这个因素也加入了持续使用意愿的模型中。

第三，使用任何媒介都会产生影响，那么本研究将关注移动终端用户在移动互联网环境下使用品牌社区过程中，品牌社区感知特征对顾客的在线品牌社区关系形成以及对品牌关系质量产生了怎样的影响，这些影响的作用机制也属于本研究的关注范围。

第四，通过一系列的实证研究，采用科学的统计分析方法对研究假设进行一一验证后，结合研究发现对开展品牌传播活动、提升品牌价值提供策略建议。

3.2 概念模型

根据上文所介绍的本课题基本研究思路和文献回顾，本课题的概念框架模型如图 3-1 所示。

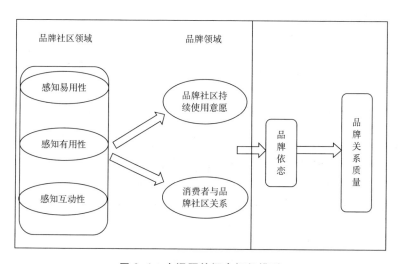

图 3-1 本课题的概念框架模型

在这个概念框架的基础之上，本课题根据研究问题的需要，将其具体分为三个结构方程模型，在第五章、第六章和第七章的实证研究中具体介绍。在此，仅对结构方程模型做简单铺垫性介绍。

结构方程模型是同时处理多个变量之间关系的数据分析方法，对于无法直接测量的潜变量可以通过线性方程采用可测量的观测变量表示出来。然后，结构方程模型对一组线性方程进行处理分析，检验变量之间的关系。这一核心理念在 20 世纪 70 年代被提出，现在已经被广泛应用到许多学科领域。本课题参考林嵩介绍的结构方程模型拟合标准（见表 3-1）（林嵩，2008），当然对于结构方程模型拟合情况的评价指标不只这些，还有其他未一一列举，此处是目前研究中常用到的主要评价指标。而且，研究人员在判断结构方程模型的拟合优度情况时，并不能只靠一个指标来下定论，要综合考虑。

表 3-1　结构方程模型拟合指标的评价标准

指标分类	判断指标	接受标准
绝对拟合效果指标	CMIN 卡方值	越小越好
	CMIN/DF 卡方值与自由度的比	小于 2
相对拟合效果指标	NFI 反映假设模型与独立模型的差异	大于 0.90
	IFI 调整样本量对 NFI 的影响	大于 0.90
替代性指标	CFI 假设模型与理论预期的中央卡方分布程度	大于 0.90
	RMSEA 用自由度对 F_0 指标的调整	越小越好，0~0.05，拟合非常好；0.05~0.08，拟合还算不错；0.08~0.1，拟合一般；大于 0.1，拟合效果不好

3.3　研究步骤

本书的研究步骤主要分为四步，如图 3-2 所示。

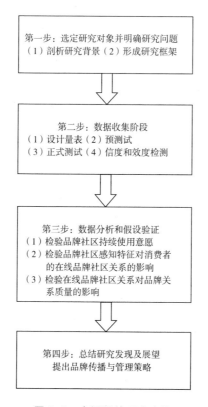

图 3-2　本课题的研究步骤

3.4　量表设计

量表在实证研究中举足轻重，科学的量表是我们收集有效数据的重要基础之一。如果量表的严密性、测量题项的语言表达、量表的结构等存在问题，那么我们回收到的数据质量将大打折扣。为了使得量表的信度和效度有保证，本研究中对构念、变量的测量量表均来自发表在正规学术期刊的中英文文献，已经受到同行的认可。而且来自外文文献的量表，也进行了中英文的双向互译，保证量表翻译的准确度。本研究根据实际需要，最终发放的问卷共有三大部分组成。

第一部分明确了本问卷的发放填写对象，并对"移动互联网用户"和"在线品牌社区"的概念进行了介绍。

第二部分对本研究涉及的所有变量进行了测量。这些变量分别是移动互联网用户对品牌社区的三个感知特征（易用性、有用性、互动性）、品牌社区持续使用意愿、品牌社区关系的三个维度（满意度、认同度、忠诚度）、品牌依恋和品牌关系质量等。这些变量均采用里 Likert 七点量表，"1"表示非常不同意，"7"表示非常同意，问卷作答人员在对应的数值上结合自身的实际情况进行勾选即可。这些变量的具体测量题项以及参考文献的来源出处如表 3-2 所示。

表 3-2 本研究涉及的变量测量题项

变量名称	量表测量题项	参考文献
感知易用性	1. 官方的在线品牌社区在移动终端上的操作容易学习	沙振权、蒋雨薇、温飞（2010）；Shih（2004）
	2. 官方的在线品牌社区的版面设计容易寻找到我所需信息	
	3. 官方的在线品牌社区的功能多样易于满足不同浏览习惯的移动互联网用户	
感知有用性	1. 官方的在线品牌社区有助于我了解到此品牌产品的推介信息	沙振权、蒋雨薇、温飞（2010）；Shih（2004）
	2. 官方的在线品牌社区有助于我分享他人的使用经验和品牌评价	
	3. 官方的在线品牌社区有助于我获得一些难题的可靠解决方案	
感知互动性	1. 我在官方的在线品牌社区中发起话题时，会得到他人的响应	Nambisan、Baron（2009）；Preece（2001）；王永贵、马双（2013）
	2. 我经常参与社群内其他成员的话题并共同讨论、相互帮助	
	3. 我经常与社群内其他成员沟通交流、建立关系	
品牌社区持续使用意愿	1. 将来我打算继续使用这个官方的在线品牌社区	Algesheimer，Dholakia，Herrmann（2005）；陈瑶、邵培基（2011）
	2. 将来我愿意继续使用这个官方的在线品牌社区	
	3. 将来我会经常使用这个官方的在线品牌社区	
品牌社区满意度	1. 我对参与这个官方的在线品牌社区十分满意	江佳祐（2005）；Langerak 等（2003）；刘新（2011）；Ridings（2002）
	2. 我觉得这个官方的在线品牌社区非常成功	
	3. 成为这个官方的在线品牌社区中的一员，是一个正确的决定	

续表

变量名称	量表测量题项	参考文献
品牌社区认同度	1. 我视自己为该官方在线品牌社区的一员	蔡明达、刘宇杰（2013）；Algesheimer 等（2005）
	2. 我很重视我与该官方在线品牌社区中其他成员之间的友谊	
	3. 我认为该官方在线品牌社区的理念与我的价值观相类似	
品牌社区忠诚度	1. 我会一直留在这个官方的在线品牌社区里	金立印（2007）
	2. 我会一直定期访问这个官方的在线品牌社区网站并积极参与讨论和其他活动	
	3. 我会向身边拥有同品牌产品的人积极推荐这个官方的在线品牌社区	
品牌依恋	1. 我喜欢这个品牌	Zhou 等（2012）；Thomson 等（2005）；田阳、王海忠、王静一（2010）
	2. 我会继续使用这个品牌	
	3. 即使其他品牌价格更低，我仍然会选择这个品牌	
品牌关系质量	1. 使用了这个官方的在线品牌社区，使我能够说出此品牌与同类产品的其他品牌存在的差异	周志民（2004）；刘柳（2012）
	2. 使用了这个官方的在线品牌社区，使我感觉此品牌与同类产品的其他品牌不同	
	3. 使用了这个官方的在线品牌社区，使我相信此品牌可以满足我的需求	
	4. 使用了这个官方的在线品牌社区，使我认为这个品牌的产品品质是可靠的	
	5. 使用了这个官方的在线品牌社区，使我相信这个品牌可以解决我对产品的问题	
	6. 使用了这个官方的在线品牌社区，使我愿意下次购买同类产品时继续选择这个品牌	
	7. 使用了这个官方的在线品牌社区，使我愿意向亲友推荐这个品牌	
	8. 使用了这个官方的在线品牌社区，使我愿意花时间等待购买该品牌	
	9. 使用了这个官方的在线品牌社区，使我也愿意购买此品牌，即使它的产品价格稍贵	
	10. 使用了这个官方的在线品牌社区，使我愿意尝试此品牌的新产品	

第三部分是对填写样本的人口学特征等信息的调查，比如性别、年龄、教育背景、加入品牌社区成员的历史时间长度以及每天使用品牌社区的时间长度。

第四章　数据收集与整理

本研究全部使用网络问卷进行数据的收集（通过问卷星平台www.sojump.com），共收集到问卷687份，剔除无效问卷后，用于实证数据分析的共有508份。因为本研究是研究移动互联网环境下移动互联网用户的品牌社区使用行为，关注移动终端用户对品牌社区的使用，对填写问卷的目标人群有特定需求，所以采用了问卷星提供的专业样本服务，只为移动互联网用户开放填写。同时，为了避免同一人员重复作答问卷的情况，对填写问卷人员的IP地址也进行记录，以供排查重复作答情况参考。

4.1　样本的描述性统计

（1）性别

在508个有效样本中，男性消费者有232人，占总样本数的45.7%；女性消费者有276人，占总样本数的54.3%（见表4-1所示）。回收的样本中虽然女性消费者略多一些，但还是比较平均，在性别比例上不存在较大悬殊，不影响数据分析的准确性。

表 4-1　性别统计

选项		频率	百分比	有效百分比	累计百分比
有效	男	232	45.7	45.7	45.7
	女	276	54.3	54.3	100.0
	合计	508	100.0	100.0	

（2）年龄

在508个有效样本中，年龄分布在30~39岁这个阶段的人群最多，有

235 人，占到样本总量的 46.3%；紧随其后的是 20~29 岁这个年龄段，有 227 人，占到样本总量的 44.7%；而处于 40~49 岁以及 50~59 岁这个阶段的人数更少，分别是 42 人和 4 人，分别占样本总量的 8.3% 和 0.8%（如表 4-2 所示）。这与中国互联网络信息中心在 2014 年发布的《2013-2014 年中国移动互联网调查研究报告》中的说法基本一致，符合现实情况，即我国移动互联网用户主要是年轻人，40 岁及以上的大龄群体所占比例较小。数据也说明年轻人通过移动互联网对品牌社区使用较多，品牌意识也更强。

表 4-2　年龄统计

	选项	频率	百分比	有效百分比	累计百分比
有效	20~29 岁	227	44.7	44.7	44.7
	30~39 岁	235	46.3	46.3	90.9
	40~49 岁	42	8.3	8.3	99.2
	50~59 岁	4	.8	.8	100.0
	合计	508	100.0	100.0	

（3）教育背景

在所有填写问卷的人员中，笔者对他们的受教育程度也进行了调查。如表 4-3 所示，在 508 个有效样本中，具有本科学历的人员最多，有 414 人，占到样本总量的 81.5%；所有样本中受教育程度最低的是高中学历，在有效样本中也是最少的，只有 5 人，仅占样本总数的 1%；此外，有大专教育背景的是 54 人，占到样本总量的 10.6%；具有研究生教育背景的问卷作答人数有 35 人，占到样本总数的 6.9%。具有本科、研究生等教育背景的人占到 88.4%，也能够间接地表明受教育程度越高的人，越关注品牌社区。

表 4-3　教育背景统计

	选项	频率	百分比	有效百分比	累计百分比
有效	本科	414	81.5	81.5	81.5
	大专	54	10.6	10.6	92.1
	高中	5	1.0	1.0	93.1
	研究生	35	6.9	6.9	100.0
	合计	508	100.0	100.0	

（4）加入品牌社区成员的时间长度

笔者也对问卷填写人员加入品牌社区的时间长度等相关情况进行了简要了解。成为品牌社区成员的年限为 1 年及以上的人数有 273 人，占到样本总量的 53.7%；年限在 6 个月至 1 年（不包含）的人数次之，是 207人，占到样本总量的 40.7%；年限小于 6 个月的较少，有 28 人，占到样本总量的 5.5%（如表 4-4 所示）。在这 508 个有效样本中，他们加入品牌社区的年限表明他们对品牌社区有一定的了解，有一些自己的体验，这满足本课题对消费者长期持续使用意愿、品牌社区关系、品牌关系质量等研究的需要。

表 4-4　成为品牌社区成员的时间多久

	选项	频率	百分比	有效百分比	累计百分比
有效	6 个月~1 年（不包含 1 年）	207	40.7	40.7	40.7
	小于 6 个月	28	5.5	5.5	46.3
	1 年及以上	273	53.7	53.7	100.0
	合计	508	100.0	100.0	

（5）每天使用品牌社区的时间长度

在问卷中，笔者也对消费者每天使用品牌社区的时间长度进行了调查。在 508 个有效样本中，每天通过移动互联网使用品牌社区在 1 个小时至 2 个小时之间（不包含 2 个小时）的样本数有 191 人，占到样本总数的57.3%，所占比例最高；每天通过移动互联网使用品牌社区时间在 2 个小时至 4 个小时之间（不包含 4 个小时）的人数有 66 人，占到样本总数的13%；有 11 人，约占样本总数 2.2% 的人每天使用品牌社区的时间为 4 个小时甚至更长；然而，有 140 个、约占样本总量 27.6% 的用户表示他们每天使用品牌社区的时间小于 1 个小时。从这组数据可以看出，有 70% 的样本每天使用品牌社区的时间在 1 个小时至 4 个小时之间，这个使用时间段的人数最多。

表 4-5　每天使用品牌社区的时间长度

	选项	频率	百分比	有效百分比	累计百分比
有效	1~2 小时（不包含 2 小时）	291	57.3	57.3	57.3
	2~4 小时（不包含 4 小时）	66	13.0	13.0	70.3
	4 小时及以上	11	2.2	2.2	72.4
	小于 1 小时	140	27.6	27.6	100.0
	合计	508	100.0	100.0	

4.2　测量问卷中各因子的信度分析

信度分析主要是用于衡量在问卷调查中所使用的量表是否可靠、是否可用，也可以看作检验收集的数据结果在多大程度上受到测量误差的影响，也可以检测测量题项内部之间是否一致（邱皓政，2009）。通常信度检测的方法是采用 Cronbach's α 系数值为衡量指标，该系数值越大，表示信度越高，其测量的结果越可靠、一致、稳定。吴明隆（2008）认为：当 Cronbach's α 系数值小于 0.5 的时候，量表的信度非常不可信；当 Cronbach's α 系数值介于 0.5 和 0.6 之间的时候，量表的信度可以接受，但是需要再增加一些测量题项；当 Cronbach's α 系数值介于 0.6 和 0.7 之间的时候，量表的信度尚佳；当 Cronbach's α 系数值介于 0.7 和 0.8 之间的时候，量表的信度高；当 Cronbach's α 系数值介于 0.8 和 0.9 之间的时候，量表的信度很高；当 Cronbach's α 系数值介于 0.9 和 1 之间的时候，量表的信度非常高、处于非常理想的状态。根据吴明隆的这个信度原则，本人对移动互联网环境下，品牌社区感知易用性、品牌社区感知有用性、品牌社区感知互动性、品牌社区满意度、品牌社区认同度、品牌社区忠诚度、品牌社区持续使用意愿、品牌依恋和品牌关系质量等因子进行了信度评估与检测。

4.2.1　感知易用性因子的信度检测

从表 4-6 可以看出，品牌社区感知易用性这个因子的 Cronbach's α 系数值是 0.688，介于 0.6 和 0.7 之间，量表的信度尚佳。如果删除其中任一指标，再重新计算 Cronbach's α 系数值，经过比较，发现系数值并没有比原来提升，所以最终三个测量指标都可以保留，通过检测。

表 4-6　品牌社区感知易用性的信度检测

因子名称	测量指标	Cronbach's α if Item Deleted	Cronbach's α 值
品牌社区感知易用性	X01	.566	0.688
	X02	.559	
	X03	.662	

4.2.2　感知有用性因子的信度检测

从表 4-7 可以看出，品牌社区感知有用性这个因子的 Cronbach's α 系数值是 0.692，介于 0.6 和 0.7 之间，量表的信度尚佳。如果删除其中任一指标，再重新计算 Cronbach's α 系数值，经过比较，发现系数值并没有比原来提升，所以最终三个测量指标都可以保留，通过检测。

表 4-7　品牌社区感知有用性的信度检测

因子名称	测量指标	Cronbach's α if Item Deleted	Cronbach's α 值
品牌社区感知有用性	X11	.659	0.692
	X12	.488	
	X13	.641	

4.2.3　感知互动性因子的信度检测

从表 4-8 可以看出，品牌社区感知互动性这个因子的 Cronbach's α 系数值是 0.766，介于 0.7 和 0.8 之间，量表的信度高。如果删除其中任一指标，再重新计算 Cronbach's α 系数值，经过比较，发现系数值并没有比原来提升，所以最终三个测量指标都可以保留，通过检测。

表 4-8　品牌社区感知互动性的信度检测

因子名称	测量指标	Cronbach's α if Item Deleted	Cronbach's α 值
品牌社区感知互动性	X21	.765	0.766
	X22	.568	
	X23	.712	

4.2.4　在线品牌社区满意度因子的信度检测

从表 4-9 可以看出，品牌社区满意度这个因子的 Cronbach's α 系数值是 0.803，介于 0.8 和 0.9 之间，量表的信度很高。如果删除其中任一指标，再重新计算 Cronbach's α 系数值，经过比较，发现系数值并没有比原来提升，所以最终三个测量指标都可以保留，通过检测。

表 4-9　品牌社区满意度的信度检测

因子名称	测量指标	Cronbach's α if Item Deleted	Cronbach's α 值
品牌社区满意度	SA01	.736	0.803
	SA02	.715	
	SA03	.743	

4.2.5　在线品牌社区认同度因子的信度检测

从表 4-10 可以看出，品牌社区认同度这个因子的 Cronbach's α 系数值是 0.744，介于 0.7 和 0.8 之间，量表的信度高。如果删除其中任一指标，再重新计算 Cronbach's α 系数值，经过比较，发现系数值并没有比原来提升，所以最终三个测量指标都可以保留，通过检测。

表 4-10　品牌社区认同度的信度检测

因子名称	测量指标	Cronbach's α if Item Deleted	Cronbach's α 值
品牌社区认同度	DE01	.714	0.744
	DE02	.571	
	DE03	.681	

4.2.6　在线品牌社区忠诚度因子的信度检测

从表 4-11 可以看出，品牌社区忠诚度这个因子的 Cronbach's α 系数值是 0.755，介于 0.7 和 0.8 之间，量表的信度高。如果删除其中任一指标，再重新计算 Cronbach's α 系数值，经过比较，发现系数值并没有比原来提升，所以最终三个测量指标都可以保留，通过检测。

表 4-11　品牌社区忠诚度的信度检测

因子名称	测量指标	Cronbach's α if Item Deleted	Cronbach's α 值
品牌社区忠诚度	LY01	.683	0.755
	LY02	.631	
	LY03	.702	

4.2.7　在线品牌社区持续使用意愿因子的信度检测

从表 4-12 可以看出，品牌社区持续使用意愿这个因子的 Cronbach's α 系数值是 0.818，介于 0.8 和 0.9 之间，量表的信度很高。如果删除其中任一指标，再重新计算 Cronbach's α 系数值，经过比较，发现系数值并没有比原来提升，所以最终三个测量指标都可以保留，通过检测。

表 4-12　品牌社区持续使用意愿的信度检测

因子名称	测量指标	Cronbach's α if Item Deleted	Cronbach's α 值
品牌社区持续使用意愿	CI01	.737	0.818
	CI02	.694	
	CI03	.813	

4.2.8　品牌依恋因子的信度检测

从表 4-13 可以看出，品牌依恋这个因子的 Cronbach's α 系数值是 0.744，介于 0.7 和 0.8 之间，量表的信度高。如果删除 BA01 这个指标，再重新计算 Cronbach's α 系数值，经过比较，发现系数值从 0.744 上升到 0.814，但是考虑到下文通过结构方程模型开展实证研究时每个构念最好至少有三个可测量指标，所以最终三个测量指标都可以保留，通过检测。

表 4-13　品牌依恋的信度检测

因子名称	测量指标	Cronbach's α if Item Deleted	Cronbach's α 值
品牌依恋	BA01	.814	0.744
	BA02	.499	
	BA03	.554	

4.2.9　品牌关系质量因子的信度检测

从表4-14可以看出，品牌关系质量这个因子的 Cronbach's α 系数值是0.902，介于0.9和1之间，量表的信度非常高。如果删除其中任一指标，再重新计算 Cronbach's α 系数值，经过比较，发现系数值并没有比原来提升，所以最终十个测量指标都可以保留，通过检测。

表 4-14　品牌关系质量的信度检测

因子名称	测量指标	Cronbach's α if Item Deleted	Cronbach's α 值
品牌关系质量	Y01	.894	0.902
	Y02	.890	
	Y03	.890	
	Y04	.890	
	Y05	.893	
	Y06	.891	
	Y07	.894	
	Y08	.892	
	Y09	.895	
	Y10	.891	

4.3　测量问卷的效度分析

效度（Validity）分析主要是用来衡量问卷测量结果的正确性，也就是说来评估、检测研究中使用的量表是不是在测量本课题中拟测量的构念或特性，能在多大程度上可以测量到。量表的效度越高，就说明测量结果越能够测量出构念的真正特征（邱皓政，2009）。邱皓政（2009）指出从内容角度出发有三种模式来评估效度：内容效度、结构效度、效标关联效度等。本研究将主要通过检测和分析调查问卷的内容效度和结构效度来对问卷的效度进行评估。

4.3.1 内容效度

内容效度评估主要是判断量表本身与被测量构念的广度和内容范围的适用程度，即能否代表被测量构念的内容，在多大程度上能够代表。如果使用的量表能够覆盖到被测量对象的核心代表特征，那么说明这个量表的内容效度是可以接受的。本课题所使用的测量量表，主要是来自已经发表并且被同行认可的中英文期刊文献（见上文的表3-1）。这些量表在翻译后，进行了中英文双向互译，而且在营销学和传播学教授的指导下对相关语句进行了修订，所以本研究使用的量表具有较好的内容效度。

4.3.2 结构效度

结构效度是指量表能够测到理论研究中某个构念的程度，通常可以采用收敛效度和区分效度来评估。收敛效度就是指同一个构念中的测量题项，彼此之间相关度高；区分效度则是指不同构念中的测量题项，彼此相关度低。受到统计分析技术的影响，近年很多研究开始采用因子分析来验证结构效度，因子分析也成为重要的评估工具（邱皓政，2009）。

因子分析一般分为两种形式，分别是探索性因子分析（EFA）和验证性因子分析（CFA）。探索性因子分析主要是面对表面看起来杂乱无序的琐碎资料，事先不知道影响因子结构，通过统计软件进行降维，去寻找影响他们的因子结构；验证性因子分析则是本来已经知道因子结构，根据实际数据检验它是否符合既定的结构，即观察因子结构和观测数据之间是否一致（王松涛，2006）。本课题在设计研究框架时已经在前人研究基础之上，提出了因子结构，所以接下来参考刘强（2011）的做法进行验证性因子分析，验证研究框架中各构念与实际数据的拟合程度，将研究框架中所涉及的各个潜变量的测量题项分开进行因子分析。

　　在进行因子分析前，首先对各个潜变量进行 KMO（Kaiser-Meyer-Olkin）和巴特利特球体检验（Bartlett's Test of Sphericity），来检验数据是否合适做因子分析。我们一般认为 KMO 大于 0.5，球形检验显著即适合做因子分析。进行验证性因子分析时，更适合采用主轴因子分解提取法来抽取共变异因子，提取因子时将基本特征值设置为大于 1。因子负荷（factor loadings）的评价判断标准参考了邱皓政（2009）书中提到的 Tabachnica 和 Fidell（2007）的标准（如表 4-15 所示）。

表 4-15　因子载荷系数的评判标准

因子载荷系数 λ	解释观察变量方差的百分比	评价
λ>0.71	50	优秀
λ>0.63	40	非常好
λ>0.55	30	好
λ>0.45	20	普通
λ>0.32	10	不好
λ<0.32		不合格

（1）感知易用性的效度检测

　　对品牌社区感知易用性进行 KMO 和 Bartlett 球形检验，KMO 值是 0.66，球形检验的近似卡方值是 261.554，相应的概率小于 0.01（概率水平显著），表明适合对测量题项进行因子分析。从表 4-17 的因子载荷系数表格中，我们可以看出品牌社区感知易用性三个测量指标的因子载荷系数都在 0.56 至 0.704 之间，提取的公因子特征根是 1.307，解释了观察变量方差的 43.58%，三个测量指标与因子有较好的相关性，说明结构效度也比较好。

表 4-16　品牌社区感知易用性的 KMO 和 Bartlett 检验

KMO 统计量		.660
Bartlett 的球形检验	近似卡方	261.554
	df	3
	Sig.	.000

表 4-17 品牌社区感知易用性的因子载荷

| | 因子 | 特征根 | 解释方差百分比 |
	1		
X01	.704	1.307	43.58
X02	.706		
X03	.560		

（2）感知有用性的效度检测

对品牌社区感知有用性进行 KMO 和 Bartlett 球形检验，KMO 值是 0.638，球形检验的近似卡方值是 275.263，相应的概率小于 0.01（概率水平显著），表明适合对测量题项进行因子分析。从表 4-19 的因子载荷系数表格中，我们可以看出品牌社区感知有用性三个测量指标的因子载荷系数都在 0.559 至 0.843 之间，提取的公因子特征根是 1.364，解释了观察变量方差的 45.7%，三个测量指标与因子有较好的相关性，说明结构效度也比较好。

表 4-18 品牌社区感知有用性的 KMO 和 Bartlett 检验

KMO 统计量		.638
Bartlett 的球形检验	近似卡方	275.263
	df	3
	Sig.	.000

表 4-19 品牌社区感知有用性的因子载荷

| | 因子 | 特征根 | 解释方差 |
	1		
X11	.559	1.364	45.7
X12	.843		
X13	.583		

（3）感知互动性的效度检测

对品牌社区感知互动性进行 KMO 和 Bartlett 球形检验，KMO 值是 0.647，球形检验的近似卡方值是 432.681，相应的概率小于 0.01（概率水平显著），表明适合对测量题项进行因子分析。从表 4-21 的因子载荷系数表格中，我们可以看出品牌社区感知互动性三个测量指标的因子载荷系数都在 0.595 至 0.927 之间，提取的公因子特征根是 1.66，解释了观察变量方差的 55.344%，三个测量指标与因子有较好的相关性，说明结构效度优秀。

表 4-20　品牌社区感知互动性的 KMO 和 Bartlett 检验

KMO 统计量		.647
Bartlett 的球形检验	近似卡方	432.681
	df	3
	Sig.	.000

表 4-21　品牌社区感知互动性的因子载荷

	因子	特征根	解释方差百分比
	1		
X21	.595	1.66	55.344
X22	.927		
X23	.668		

（4）品牌社区满意度的效度检测

对品牌社区满意度进行 KMO 和 Bartlett 球形检验，KMO 值是 0.712，球形检验的近似卡方值是 481.839，相应的概率小于 0.01（概率水平显著），表明适合对测量题项进行因子分析。从表 4-23 的因子载荷系数表格中，我们可以看出品牌社区满意度三个测量指标的因子载荷系数都在 0.741 至 0.785 之间，提取的公因子特征根是 1.731，解释了观察变量方差的 57.691%，三个测量指标与因子的相关性较强，说明结构效度优秀。

表 4-22　品牌社区满意度的 KMO 和 Bartlett 的检验

KMO 统计量		.712
Bartlett 的球形检验	近似卡方	481.839
	df	3
	Sig.	.000

表 4-23 品牌社区满意度的因子载荷

	因子	特征根	解释方差百分比
	1		
SA01	.752	1.731	57.691
SA02	.785		
SA03	.741		

（5）品牌社区认同度的效度检测

对品牌社区认同度进行 KMO 和 Bartlett 球形检验，KMO 值是 0.664，球形检验的近似卡方值是 356.635，相应的概率小于 0.01（概率水平显著），表明适合对测量题项进行因子分析。从表 4-25 的因子载荷系数表格中，我们可以看出品牌社区认同度三个测量指标的因子载荷系数都在 0.612 至 0.846 之间，提取的公因子特征根是 1.519，解释了观察变量方差的 50.647%，三个测量指标与因子有较高的相关性，说明结构效度优秀。

表 4-24 品牌社区认同度的 KMO 和 Bartlett 的检验

KMO 统计量		.664
Bartlett 的球形检验	近似卡方	356.635
	df	3
	Sig.	.000

表 4-25 品牌社区认同度的因子载荷

	因子	特征根	解释方差百分比
	1		
DE01	.612	1.519	50.647
DE02	.846		
DE03	.656		

（6）品牌社区忠诚度的效度检测

对品牌社区忠诚度进行 KMO 和 Bartlett 球形检验，KMO 值是 0.688，球形检验的近似卡方值是 368.337，相应的概率小于 0.01（概率水平显著），表明适合对测量题项进行因子分析。从表 4-27 的因子载荷系数表格

中，我们可以看出品牌社区忠诚度三个测量指标的因子载荷系数都在
0.666 至 0.781 之间，提取的公因子特征根是 1.535，解释了观察变量方差
的 51.177%，三个测量指标与因子有较好的相关性，说明结构效度优秀。

表 4-26　品牌社区忠诚度的 KMO 和 Bartlett 的检验

KMO 统计量		.688
Bartlett 的球形检验	近似卡方	368.337
	df	3
	Sig.	.000

表 4-27　品牌社区忠诚度的因子载荷

	因子	特征根	解释方差百分比
	1		
LY01	.695	1.535	51.177
LY02	.781		
LY03	.666		

（7）品牌社区持续使用意愿的效度检测

对品牌社区持续使用意愿进行 KMO 和 Bartlett 球形检验，KMO 值是
0.698，球形检验的近似卡方值是 555.602，相应的概率小于 0.01（概率水
平显著），表明适合对测量题项进行因子分析。从表 4-29 的因子载荷系数
表格中，我们可以看出品牌社区持续使用意愿三个测量指标的因子载荷系
数都在 0.674 至 0.866 之间，提取的公因子特征根是 1.828，解释了观察变
量方差的 60.929%，三个测量指标与因子有较好的相关性，说明结构效度
优秀。

表 4-28　品牌社区持续使用意愿的 KMO 和 Bartlett 检验

KMO 统计量		.698
Bartlett 的球形检验	近似卡方	555.602
	df	3
	Sig.	.000

表 4-29 品牌社区持续使用意愿的因子载荷

	因子	特征根	解释方差百分比
	1		
CI01	.790	1.828	60.929
CI02	.866		
CI03	.674		

（8）品牌依恋的效度检测

对品牌依恋进行 KMO 和 Bartlett 球形检验，KMO 值是 0.617，球形检验的近似卡方值是 425.54，相应的概率小于 0.01（概率水平显著），表明适合对测量题项进行因子分析。从表 4-31 的因子载荷系数表格中，我们可以看出品牌依恋三个测量指标的因子载荷系数都在 0.464 至 0.898 之间，提取的公因子特征根是 1.608，解释了观察变量方差的 53.593%，三个测量指标与因子有较好的相关性，说明结构效度优秀。

表 4-30 品牌依恋的 KMO 和 Bartlett 的检验

KMO 统计量		.617
Bartlett 的球形检验	近似卡方	425.540
	df	3
	Sig.	.000

表 4-31 品牌依恋的因子载荷

	因子	特征根	解释方差百分比
	1		
BA01	.464	1.608	53.593
BA02	.898		
BA03	.765		

（9）品牌关系质量的效度检测

对品牌关系质量进行 KMO 和 Bartlett 球形检验，KMO 值是 0.924，球形检验的近似卡方值是 2338.526，相应的概率小于 0.01（概率水平显著），表明适合对测量题项进行因子分析。从表 4-33 的因子载荷系数表格

中，我们可以看出品牌关系质量三个测量指标的因子载荷系数都在 0.66 至
0.74 之间，提取的公因子特征根是 4.836，解释了观察变量方差的
48.359%，三个测量指标与因子有较好的相关性，说明结构效度较好。

表 4-32 品牌关系质量的 KMO 和 Bartlett 的检验

KMO 统计量		.924
Bartlett 的球形检验	近似卡方	2338.526
	df	45
	Sig.	.000

表 4-33 品牌关系质量的因子载荷

	因子	特征根	解释方差百分比
	1		
Y01	.660	4.836	48.359
Y02	.729		
Y03	.740		
Y04	.724		
Y05	.677		
Y06	.701		
Y07	.668		
Y08	.693		
Y09	.649		
Y10	.706		

以上章节对本研究中涉及的在移动互联网环境下，移动互联网用户对
品牌社区的三个感知特征变量、作为消费者的移动互联网用户与品牌社区
关系的三个维度、移动互联网用户的品牌社区持续使用意愿、品牌依恋和
品牌关系质量等研究构念的信度和效度进行了全面的检测和评估，量表中
所有测量题项都是合格的，予以保留。同时，各构念的测量指标与构念之
间的相关性较好，很好地解释了被测量的构念，本量表具有良好的构念效
度。所以，本研究的问卷量表通过信度检测和效度检测，为下文进行实证
研究的数据分析奠定了良好的、科学可靠的基础。

第五章　实证 I：移动互联网用户的品牌社区持续使用意愿

5.1　引言

随着移动互联网通信技术的发展，中国进入了移动互联网时代，成为世界上移动终端用户数量最多的国家。移动互联网在消费者的日常生活中无处不在，它不仅改变了人们的媒介使用方式和阅读习惯，也为企业开展营销沟通活动提供了新的渠道。在这个背景下，在线品牌社区作为一个新的营销沟通渠道广为流行，被越来越多的企业和消费者所接受和使用。

在市场社群概念基础之上，Muniz 和 O'Guinn（2001）最早提出了品牌社区（brand community）的概念，认为品牌社区是一个特定的、没有地理界限的社群，是在一群品牌追随者的社交关系基础之上所形成的。它的主要特征是具有共享意识、仪式传统和道德责任感。McAlexander 等（2002）发现青睐同一个品牌的消费者可以形成品牌社区。随着互联网的普及和流行，在线品牌社区在世界范围内涌现。这不仅吸引了学界和业界的注意力，而且使其关注视角从线下品牌社区转移到了在线品牌社区。越来越多的品牌所有者已经意识到在线品牌社区的成功与否将会影响消费者与品牌之间的关系，甚至影响消费者最终的购买决策。在线品牌社区成为营销活动、电子商务活动中的重要载体。电子商务网站取得成功的影响因素有很多，近年也出现了学者研究影响电子商务网站（比如在线品牌社区）成功的因素（邓朝华、鲁耀斌，2008）。但是，现有关于在线品牌社区的研究视角主要是关注电脑 PC 终端的网民（沙振权等，2010；吴思等，2011；周志民等，2012；邱瑜，2013；Brodie 等，2013；Jung 等，2014），很少有人在移动互联网沟通环境下来研究在线品牌社区，特别是从移动终端用户角度研究在线品牌社区（戴尼耳，2010）。移动互联网的到来，使得作为消费者的移动终端用户更加方便地参与在线品牌社区的实时互动。对于移动终端用户而言，在移动互联网环境下他们对在线品牌社区的持续使用意愿是怎样的？同时受到哪些感知属性影响呢？这是本章即将探索的主要问题。

5.2　本章研究框架和提出假设

5.2.1　提出假设

（1）移动互联网用户

美国联邦贸易委员会认为，移动互联网使用者可以通过无线连接的方式进入互联网，它允许用户通过手持移动终端设备从互联网空间得到数字化的内容和服务（Lee et al.，2005）。肖志辉（2009）对移动互联网的研究状况进行了综述并被其他学者广泛引用，他认为移动通信和互联网技术的结合产生了移动互联网，它分为广义和狭义两种。狭义的移动互联网指移动终端通过移动通信网络进行通信，广义的移动互联网是指通过各种无线网络进行通信。移动互联网的这一分类方式在陈圣举（2010）的研究中再次得到认可，他认为手机、平板电脑等移动终端设备通过 WLAN、GSM、CDMA、WCDMA 等各种网络接入互联网便是广义的移动互联网，而狭义的移动互联网则只是指移动终端通过无线通信网络接入互联网。据此，结合本课题的研究问题，本章所指的移动互联网指广义的移动互联网。相对于传统互联网而言，移动互联网最显著的特征是可以 24 小时随时随地在不同情景和使用环境下为用户提供互联网服务，使用户通过移动终端从互联网上获取电子内容和服务（Lee et al.，2005；Figge，2004）。移动互联网为用户消除了信息获取和用户之间相互沟通的时空局限，为移动互联网用户提供了更多的互联网效用价值（杨水清等，2012；Yang et al.，2010）。

因此，在移动互联网环境下，作为消费者的移动互联网用户从移动互联网技术中获益，使用在线品牌社区时也能更加便利地参与其中。

（2）感知易用性对感知有用性的影响

技术接受模型（Technology Acceptance Model，TAM）是 Davis 在 1989 年提出的一个强有力的模型，它用来预测消费者对信息技术的态度和接受（孙建军等，2007）。这一理论基于产品和服务，为检验外部变量因素如何影响用户的内部信念、态度和接受使用技术意愿提供了理论基础（Yang et al.，2010）。Davis（1989）从信息管理角度指出，感知有用性和感知易用性两个因素对用户的电脑信息技术采纳有重要意义，研究中发现感知有用性、感知易用性两个变量均与用户当前的系统使用行为和预测将来继续使用有正相关关系且具有统计学的显著性意义，但是感知有用性这个变量比感知易用性对用户使用行为的正相关关系影响更大。也就是说，消费者对技术的感知易用性和有用性程度越高，他们使用技术的意愿也更强烈，接受程度也越高。同时，感知易用性并非用户接受信息系统的直接决定因素，而是通过感知有用性间接地起到影响作用。

技术接受模型理论在研究新媒体技术采纳行为问题中也得到大量验证，比如以中国的互联网为例，Zhu 等（2002）发现互联网的感知特性、感知流行度及用户的个体需求等都影响消费者对互联网的接受和使用；在研究 IPTV 采纳行为时感知有用性显著正向影响态度和使用意愿（刘强，2011）；研究电子书阅读器以及研究移动数据服务的发现也支持 TAM 理论的观点（Read et al.，2011；Yang et al.，2010）。也有学者将 TAM 理论应用到在线虚拟社区的研究中。Chung 等（2010）研究在线社区消费者的参与意愿时也发现用户对在线社区的感知有用性程度越高，那么用户参与使用在线社区的行为意愿越强烈，但是这一研究发现感知易用性并不是感知有用性的显著预测变量，未能支持 Davis（1989）的研究发现，也就是说并不一定是感知易用性程度越高感知有用性也越高，感知易用性和感知有用性之间的关系需进一步检验。邱瑜（2013）研究发现在线品牌社区的感知特性正向影响用户在社群内的知识共享行为。所以，本章认为感知易用性描述的是一种程度，指多大程度上消费者认为通过移动设备使用在线品牌社区时，不会遭受寻找信息和技术操作等方面的辛苦和烦琐。感知有用性是指那些通过移动终端访问在线品牌社区的消费者认为在线品牌社区是否对他们有帮助的程度。特别是当成员消费者需要从在线品牌社区获取支持和帮助时，在线品牌社区在多大程度上有助于消费者了解这个品牌，并且与其他成员分享使用经验和评价，形成互惠互助关系。

　　无论是对于品牌运营商来说，还是对于移动互联网用户而言，他们在采纳使用在线品牌社区或电子商务网站的过程中都受到感知易用性、感知有用性等多方面的影响。以消费者通过移动终端使用在线品牌社区为例，手机可以放在口袋里，非常便于消费者携带，使消费者能够迅速连接到互联网。当消费者在闲暇时间需要访问在线品牌社区时，他们更偏好通过手机便捷地登录到在线品牌社区去寻找信息。甚至，消费者需要获取帮助来解决复杂问题时，他们可以利用手机的截屏功能，很方便地把相关问题利用图片进行可视化，再把图片上传到在线品牌社区里展示他们的问题。当消费者感知到在线品牌社区容易使用时（即感知到易用性），他们就会尝试去使用它，这样才会有更多用户去创造信息内容。只有不断尝试使用，消费者才可能从在线品牌社区的使用过程中不断受益，才会进一步有持续使用它的意愿。据此，我们提出以下假设：

　　H1：移动互联网环境下，作为消费者的移动互联网用户对在线品牌社区的感知易用性显著正向影响感知有用性。

　　（3）感知易用性对感知互动性的影响

　　互动传播理论认为互动是指在一个传播渠道中，当信息的接受者收集到信息发送者传递的信息内容后，将其进行信息加工利用，不断地调整并反馈给传者。信源和受者在不断调整和反馈过程中，最终实现有效沟通（吴思等，2011；Straubhaar 等，1996）。在线品牌社区正是基于消费者与特定品牌的兴趣和关联所聚集形成的一个虚拟社群，是一个虚拟的互动沟通平台。社区内部的成员可以与其他成员进行互动，自由讨论对产品的看法，分享自己的品牌消费经历，或与品牌运营商进行互动向他们提供反馈意见，监督其改进产品质量或提升品牌服务（吴思等，2011）。吴思等（2011）认为在线品牌社区的互动包括人—机互动和人—人互动两种，消费者从通过互联网进入在线品牌社区时起便开始了人—机互动；当消费者在社群内部浏览其他成员发布的信息并对其进行回复或主动发布信息时，人—人互动行为便产生了。消费者在品牌社区内部生产信息、分享信息、浏览信息等这些互动行为促成了信息交换（Ridings 等，2002；Preece 等，2000）。人们使用注册 ID、化名等匿名身份在虚拟社群通过信息传播建立起类似现实社会中相互依赖的人际互动，使得越来越多的消费者可以通过在线品牌社区满足个人的主观需求（刘柳，2006；吴满意等，2012）。所以，在本章中，感知互动性是指在在线品牌社区中，消费者与其他成员之间或消费者与公司官方之间形成互动关系或发生互动行为时所感知到的互动性程度。

Davis（1989）认为，用户对这一信息技术感知易用性越强，越倾向接受使用它。在移动互联网环境下，移动互联网用户通过移动终端使用在线品牌社区进行互动也受到技术操作等因素影响。比如，使用移动终端设备访问在线品牌社区时，消费者是否感知容易学习和操作使用在线品牌社区的功能，会影响他们是否积极发帖、是否与其他成员进行互动；同时，移动终端用户在使用过程中是否感知容易获取到他们需要的信息等，也影响消费者在在线品牌社区中参与互动活动的行为。相反，如果在移动互联网环境下，消费者觉得使用在线品牌社区的操作比较困难和麻烦，不容易寻找到自己所需要的信息，那么他们极有可能不会在在线品牌社区内进行发帖、回复等互动行为。基于此，提出以下假设：

H2：移动互联网环境下，作为消费者的移动互联网用户对在线品牌社区的感知易用性显著正向影响感知互动性。

（4）在线品牌社区的感知特征与满意度

在传播学领域研究传播效果的学者 Katz（1973）提出"使用与满足"理论，他从受众角度（即消费者角度）出发，指出受众为了满足其个人的心理需求和社会需求会主动接触媒介。在接触使用媒介的过程中，宁连举等（2013）研究表明消费者获得越多越全面的有效信息，他们的满意度越高。Barker（2009）通过对 SNS 社区的研究，认为影响在线社区用户满意度的因素还有时间成本、沟通质量、社会补偿（social compensation）、社会学习等。除此之外，在线社区的信息性、互动性和娱乐性也影响用户的满意度（夏芝宁，2010）。在当前社会化媒体盛行的背景下，消费者利用碎片化时间上网获取信息。所以，当消费者使用手机、平板电脑等移动工具访问在线品牌社区时，他们对在线品牌社区的感知易用性、有用性和互动性越强，就越节省消费者的时间成本，越有助于促进社区成员之间的沟通。这些通过移动设备从在线品牌社区的沟通交流中获得效用价值的消费者，如果获益更多，将强化他们的参与程度，提升他们对在线品牌社区的满意度。在移动互联网环境下，越来越多的消费者可以便利地通过在线品牌社区满足他们五花八门的需求和目的。在技术接受模型（TAM）的理论基础之上，我们访谈了一些移动终端用户，发现感知互动性也是影响用户持续使用在线品牌社区意愿的重要因素。而且，Brodie 等（2013）也认为顾客的感知互动性程度强化他们对在线品牌社区的满意度。基于对前人研究的回顾，我们推测移动互联网用户对品牌社区的感知易用性、感知有用性、感知互动性等因素影响消费者的在线品牌社区感知满意度。于是，提出以下假设：

H3：移动互联网环境下，作为消费者的移动互联网用户对在线品牌社区的感知易用性显著正向影响他们对在线品牌社区的满意度；

H4：移动互联网环境下，作为消费者的移动互联网用户对在线品牌社区的感知有用性显著正向影响他们对在线品牌社区的满意度；

H5：移动互联网环境下，作为消费者的移动互联网用户对在线品牌社区的感知互动性显著正向影响他们对在线品牌社区的满意度。

（5）在线品牌社区满意度与持续使用意愿

当前在研究消费者持续使用意愿的文献中，学者普遍使用期望确认理论（Expectation Confirmation Theory）来解释这个现象。根据期望确认理论得知，消费者对某一信息系统的持续使用决策往往受到起初接受行为和使用经验的影响，如果对产品或服务满意将会再次购买或使用。陆均良等（2013）从自助旅游消费者的角度出发，研究了消费者继续使用移动互联网的意愿，发现用户满意度、感知成本等都显著地正向影响用户的持续使用意愿。宁连举等（2013）以 SNS 用户为例，发现对 SNS 网站越满意的消费者其持续使用意愿越强。而且，Jung 等（2014）最新研究发现消费者对在线品牌社区的态度越积极，他们的品牌信任程度和在线品牌社区的再次访问意愿越强，消费者对在线品牌社区的使用满意度越高，越愿意再次使用在线品牌社区。同理，消费者通过移动终端设备使用在线品牌社区的过程中，当他们的使用满意度越高时，就越愿意继续使用。基于此，提出下列假设：

H6：移动互联网环境下，作为消费者的移动互联网用户对在线品牌社区满意度越高，其持续使用意愿越强。

5.2.2　本章实证研究模型

通过上述理论综述和研究假设，本章的研究框架概括地说是由在线品牌社区的感知特征、消费者对在线品牌社区满意度和持续使用在线品牌社区的意愿等构成，在线品牌社区的感知特征主要是基于技术接受模型理论和人际传播理论而提出，包括感知易用性、感知有用性和感知互动性等三个方面（如图5-1所示）。

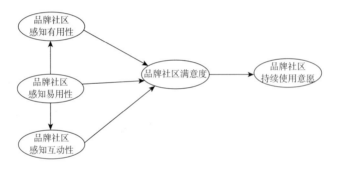

图5-1　持续使用意愿的结构方程模型

5.3　研究方法

（1）研究设置

本课题选择小米社区（网址：www.xiaomi.cn）来收集关于移动终端用户使用在线品牌社区的数据。因为小米社区是移动互联网公司小米公司的官方在线品牌社区，小米公司的总裁雷军认为公司品牌名称中的"mi"正是移动互联网 mobile internet 的首字母缩写词。截至2013年10月底，小米社区大约有1000万的注册用户，其中将近100万的用户积极参与小米社区的讨论活动。平均每天在小米社区中发布的信息数量超过20万条，用户的发帖总量超过1.3亿条。小米社区用户积极参与社群活动并产生了丰富的信息，所以小米社区非常适合本研究从用户处获得反馈并收集数据。

在发放问卷收集数据的预测试阶段，研究人员首先注册成为小米社区的成员，通过小米社区的短信息功能邀请活跃的成员在网上填写问卷，问卷由研究人员在邀请小米社区成员填写之前上传到一个专业的问卷调查平台"问卷星"（问卷星拥有超过 260 万来自不同地区不同城市的多元化的真实样本库成员，同时有超过 330 万人次在问卷星平台发布问卷，网址是 www. sojump. com）。在正式收集数据阶段，研究人员继续采用互联网在线问卷调查的方式，由于研究人员计划收集大量样本，所以与此同时还采用了问卷星平台提供的样本服务协助研究人员邀请小米社区的成员收集数据。在最终版本的调查问卷中设置了两道过滤题项，从而有助于从所有问卷应答者中筛选出所有有效的问卷，识别和确认他们是通过移动终端设备访问在线品牌社区的消费者。

（2）样本概况

通过将近一个月的数据收集时间，最终共收集到问卷 687 份，其中有 179 份问卷未通过问卷的过滤筛选题项，最终得到有效问卷 508 份用于数据分析。有效样本的描述性统计如表 5-1 所示。

表 5-1　有效样本的描述性统计

类目	选项	样本数	占总量百分比	类目	题项	样本数	占总量百分比
性别	男	232	45.669	注册品牌社区会员时间长度	小于 6 个月	28	5.511
	女	276	54.330		6 个月至 1 年（不含 1 年）	207	40.748
年龄段	20～29 岁	227	44.685		1 年及以上	273	53.740
	30～39 岁	235	46.259	日均使用品牌社区时间长度	小于 1 小时	140	27.559
	40～49 岁	42	8.267		1～2 小时（不含 2 小时）	291	57.283
	50～59 岁	4	0.787		2～4 小时（不含 4 小时）	66	12.992

续表

类目	选项	样本数	占总量百分比	类目	题项	样本数	占总量百分比
教育背景	高中	5	0.984		4小时及以上	11	2.165
	大专	54	10.629				
	本科	414	81.496				
	研究生及以上	35	6.889				

（3）变量测量

本研究中所采用的量表均基于国内外现有文献成熟量表基础之上修订，其中在测量"感知易用性"时借鉴了沙振权等（2010）、Shih（2004）的研究，包括"官方的在线品牌社区在移动终端上的操作容易学习"等3个题项；测量"感知有用性"时也是参考了沙振权等（2010）、Shih（2004）的文献，使用了"官方的在线品牌社区有助于我了解到此品牌产品的推介信息"等3个题项；"感知互动性"采用了Nambisan等（2009）、Preece（2001）和王永贵等（2013）的研究，包括"我在官方的在线品牌社区中发起话题时，会得到他人的响应"等3个测量题项；"品牌社区满意度"在江佳祐（2005）、Langerak等（2003）、刘新（2011）和Ridings（2002）的研究基础之上，选择了"我对参与这个官方的在线品牌社区十分满意"等3个测量题项；"持续使用意愿"的测量借鉴了Algesheimer等（2005）和陈瑶、邵培基（2011）的成果，使用了"将来我打算继续使用这个官方的在线品牌社区"等3个测量题项。

由于部分量表来自英文文献，所以研究人员在奥克兰大学邀请了1位熟练使用中英文的博士生对翻译过来的中文量表进行评价，同时在3位营销学和传播学教授的指导下，对问卷量表初稿的措辞进行了修订，以免存在歧义和较大误差。最终，本研究采用了Likert 7点量表对所有构念进行了测量，从1到7分别表示"非常不同意，不同意，有点不同意，不确定，有点同意，同意，非常同意"。

（4）数据分析方法

结构方程模型（Structural Equation Model）是研究多元变量关系的科

学方法，在社会科学研究特别是市场研究、经济管理研究领域广泛应用。在研究品牌社区的文献中结构方程模型的方法经常被采用，因此本研究将使用结构方程建模软件 AMOS 22.0 和 SPSS 22.0 对样本数据进行处理分析。

5.4　实证结果

5.4.1　结构方程模型拟合优度检测

在使用 AMOS 进行研究假设验证之前，我们采用 SPSS 对此次使用的量表进行检验，结果显示研究中涉及的所有潜变量的 Cronbach α 系数在可接受范围之内。同时，本研究中所采用的量表都是其他学者的文献中采用的成熟量表，也经过相关学者的修订和认可，具有良好的内容效度。

本研究利用 AMOS 22.0 软件对研究假设进行了检验。数据运行结果显示，模型拟合优度指标 $\chi^2 = 245.858$，df = 84，$\chi^2/df = 2.927$，RMSEA = 0.062，CFI = 0.951，NFI = 0.928，IFI = 0.951（模型拟合指标的结果详情见表 5-2），模型拟合情况良好在可接受范围之内。由此说明，该模型很好地解释了移动互联网环境下消费者的在线品牌社区持续使用意愿。

表 5-2　实证 Ⅰ 的结构方程模型拟合指标汇总

CMIN

Model	NPAR	CMIN	DF	P	CMIN/DF
Default model	36	245.858	84	.000	2.927
Saturated model	120	.000	0		
Independence model	15	3392.747	105	.000	32.312

RMR，GFI

Model	RMR	GFI	AGFI	PGFI
Default model	.032	0.936	.909	.655
Saturated model	.000	1.000		
Independence model	.276	.293	.192	.256

Baseline Comparisons

Model	NFI Delta1	RFI rho1	IFI Delta2	TLI rho2	CFI
Default model	.928	.909	.951	.938	.951
Saturated model	1.000		1.000		1.000
Independence model	.000	.000	.000	.000	.000

Parsimony-Adjusted Measures

Model	PRATIO	PNFI	PCFI
Default model	.800	.742	.761
Saturated model	.000	.000	.000
Independence model	1.000	.000	.000

NCP

Model	NCP	LO 90	HI 90
Default model	161.858	118.656	212.700
Saturated model	.000	.000	.000
Independence model	3287.747	3101.204	3481.595

FMIN

Model	FMIN	F0	LO 90	HI 90
Default model	.485	.319	.234	.420
Saturated model	.000	.000	.000	.000
Independence model	6.692	6.485	6.117	6.867

RMSEA

Model	RMSEA	LO 90	HI 90	PCLOSE
Default model	.062	.053	.071	.016
Independence model	.249	.241	.256	.000

AIC

Model	AIC	BCC	BIC	CAIC
Default model	317.858	320.204	470.155	506.155
Saturated model	240.000	247.821	747.658	867.658
Independence model	3422.747	3423.724	3486.204	3501.204

续表

ECVI

Model	ECVI	LO 90	HI 90	MECVI
Default model	.627	.542	.727	.632
Saturated model	.473	.473	.473	.489
Independence model	6.751	6.383	7.133	6.753

HOELTER

Model	HOELTER.05	HOELTER.01
Default model	220	242
Independence model	20	22

Minimization： .055
Miscellaneous： .622
Bootstrap： .000
Total： .677

5.4.2 实证研究的假设验证

由表 5-3 可知，本研究中除了感知易用性和品牌社区满意度之间的这条路径系数不显著外，其余的研究假设路径均显著。移动互联网环境下，消费者对在线品牌社区的感知易用性显著地正向影响感知有用性（$\beta = 0.870$，$p<0.05$），H1 成立。感知易用性和感知互动性的正向关系显著（$\beta = 0.736$，$p<0.05$），假设 H2 成立。感知有用性正向影响品牌社区满意度（$\beta = 0.942$，$p<0.05$），支持 H4。感知互动性也是显著正向影响消费者的品牌社区满意度（$\beta = 0.323$，$p<0.05$），H5 成立。因为品牌社区满意度和持续使用意愿之间的路径系数显著，而且是正向影响（$\beta = 0.808$，$p<0.05$），所以 H6 成立。

表 5-3 结构方程模型的路径系数估计

变量间关系	非标准化路径系数估计	S.E.	C.R.	P	标准化路径系数估计	假设是否支持
感知互动性←感知易用性	.893	.089	10.078	＊＊＊	.736	是
感知有用性←感知易用性	.932	.090	10.316	＊＊＊	.870	是
品牌社区满意度←感知有用性	1.039	.216	4.815	＊＊＊	.942	是

变量间关系	非标准化路径系数估计	S. E.	C. R.	P	标准化路径系数估计	假设是否支持
品牌社区满意度←感知互动性	.314	.066	4.797	＊＊＊	.323	是
品牌社区满意度←感知易用性	-.300	.231	-1.295	.195	.254	否
持续使用意愿←品牌社区满意度	.769	.056	13.648	＊＊＊	.808	是

注：星号表示统计显著性小于等于 0.001，我们利用这个信息决定标准化路径系数是否具有统计学的显著性意义。

5.4.3 备选竞争性模型

在使用结构方程模型开展实证研究时，我们都期待自己提出的模型具有较好的数据拟合优度。当样本协方差矩阵与衍生矩阵越接近，就表示结构方程模型拟合程度越好。所以，通常为了确保我们所提出的模型是较好的，我们还会提出一些竞争性模型（competing model）进行比较①。

所以本章除了图 5-1 提出的关于移动互联网环境下移动互联网用户的品牌社区持续使用意愿模型外，又提出了一个竞争性模型（如图 5-2 所示），在这个模型中笔者将"品牌社区感知有用性"和"品牌社区感知互动性"设置为外生变量，与"品牌社区感知易用性"等三个变量共同影响变量"品牌依恋"。同时，也设置"品牌社区感知有用性"、"品牌社区感知易用性"和"品牌社区感知互动性"三个变量对"品牌社区持续使用意愿"具有直接影响。

笔者对品牌社区持续使用意愿的竞争性模型也进行了拟合优度的检验，数据发现这个竞争性模型的拟合情况（详情如表 5-4 所示）如下：$\chi^2 = 675.591$，df = 83，$\chi^2/df = 8.140$，RMSEA = 0.119，CFI = 0.820，NFI = 0.801，IFI = 0.821，拟合指标的情况不如上文提出的模型，卡方值的大小比原来的两倍还大，卡方值与自由度之比达到了 8.14，已经超出我们通常的接受范围，CFI、NFI、IFI 也明显降低。因此，这个竞争性模型拟合程度较差，对这个模型中各变量间的影响也不必再具体分析，间接地表明我们原有的模型较好。

---

① 陶建杰：《传媒与城市软实力》，复旦大学博士学位论文，2009，第69页。

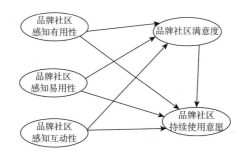

图 5-2 品牌社区持续使用意愿的竞争性模型

表 5-4 实证 I 的竞争性模型拟合指标汇总

CMIN

Model	NPAR	CMIN	DF	P	CMIN/DF
Default model	37	675.591	83	.000	8.140
Saturated model	120	.000	0		
Independence model	15	3392.747	105	.000	32.312

RMR, GFI

Model	RMR	GFI	AGFI	PGFI
Default model	.170	.847	.779	.586
Saturated model	.000	1.000		
Independence model	.276	.293	.192	.256

Baseline Comparisons

Model	NFI Delta1	RFI rho1	IFI Delta2	TLI rho2	CFI
Default model	.801	.748	.821	.772	.820
Saturated model	1.000		1.000		1.000
Independence model	.000	.000	.000	.000	.000

Parsimony-Adjusted Measures

Model	PRATIO	PNFI	PCFI
Default model	.790	.633	.648
Saturated model	.000	.000	.000
Independence model	1.000	.000	.000

续表

NCP

Model	NCP	LO 90	HI 90
Default model	592. 591	513. 449	679. 202
Saturated model	. 000	. 000	. 000
Independence model	3287. 747	3101. 204	3481. 595

FMIN

Model	FMIN	F0	LO 90	HI 90
Default model	1. 333	1. 169	1. 013	1. 340
Saturated model	. 000	. 000	. 000	. 000
Independence model	6. 692	6. 485	6. 117	6. 867

RMSEA

Model	RMSEA	LO 90	HI 90	PCLOSE
Default model	. 119	. 110	. 127	. 000
Independence model	. 249	. 241	. 256	. 000

AIC

Model	AIC	BCC	BIC	CAIC
Default model	749. 591	752. 003	906. 119	943. 119
Saturated model	240. 000	247. 821	747. 658	867. 658
Independence model	3422. 747	3423. 724	3486. 204	3501. 204

ECVI

Model	ECVI	LO 90	HI 90	MECVI
Default model	1. 478	1. 322	1. 649	1. 483
Saturated model	. 473	. 473	. 473	. 489
Independence model	6. 751	6. 383	7. 133	6. 753

HOELTER

Model	HOELTER. 05	HOELTER. 01
Default model	79	87
Independence model	20	22

Minimization: . 002

Miscellaneous: . 398

Bootstrap: . 000

Total: . 400

5.5　本章小结

本章从移动互联网用户的角度出发，主要结合技术接受模型理论、互动传播理论、期望确认理论等，研究了在移动互联网环境下消费者的在线品牌社区持续使用意愿。本研究的 6 个假设中 5 个通过验证成立，证明了在移动互联网环境下，消费者对在线品牌社区的感知有用性、感知互动性等感知特征因素对在线品牌社区满意度具有显著的正向影响等假设。同时，研究发现在移动互联网环境下移动互联网用户的在线品牌社区满意度对消费者的品牌社区持续使用意愿具有强化作用。

但是，在研究假设中 H3 没有成立，这与陆均良等（2013）的研究发现一致，即研究结果未能支持感知易用性对用户满意度具有显著的正向影响。可能的解释主要有两点。第一是因为在本研究中样本多为"80 后"等年轻人，这代消费者从早期便开始接触使用移动互联网，他们可以非常熟练地使用和操作移动互联网服务功能和移动设备，普遍都认为在移动互联网环境下的服务比较容易；第二，消费者感知在线品牌社区的易用性对满意度的影响通过感知有用性和感知互动性发挥作用，因为如表 5-3 所示，感知易用性对感知有用性和感知互动性显著正向影响，而感知有用性和感知互动性又同时显著正向影响消费者对在线品牌社区的满意度，即感知互动性和感知有用性具有中介作用。

周志民（2012）认为，吸引并保留住访问在线品牌社区的游客，使其转变成为在线品牌社区中的一员，是在线品牌社区的生命力所在。与此同时，我们的研究也为企业建设在线品牌社区带来一些启示。我们认为使消费者成为在线品牌社区的一员只是开始，更多的是要关注如何使他们长期持续使用这一在线品牌社区。在线品牌社区为品牌运营商带来了经济价值，是有利的营销沟通渠道，但同时企业也应该重视在线品牌社区的持续建设。通过研究我们认为，应该集中在两个方面进行建设，首先是关注消费者的感知有用性，其次是感知互动性。品牌运营商应该不断完善在线品牌社区的信息量，使消费者不论是在购买产品（服务）前，还是使用中、购买后产生相关信息需求时都可以在这个平台便捷获取；同时也应当鼓励在线品牌社区成员积极参与互动活动，创造更多的信息内容做到互惠互助，实现价值共创。

本研究也存在一些局限，后续的研究需要不断完善深化。第一，此次只以信息科技行业的在线品牌社区（比如小米品牌社区）为例进行数据收集，今后可以选择更多不同行业的在线品牌社区进行不同类别不同用户群的比较研究，探索移动互联网用户在使用不同行业不同类别的在线品牌社区时是否存在不同的特点。第二，此次研究关注的是官方在线品牌社区，即在线品牌社区是由品牌所有者官方设立，以后的研究可以选择同一品类产品中由消费者或其他第三方自行建立的在线品牌社区，比较消费者在移动互联网环境下使用两种不同类型的在线品牌社区时是否存在有趣的现象。

第六章 实证Ⅱ：移动互联网用户的品牌社区感知特征对品牌社区关系的影响

6.1 引言

随着经济全球化的发展，市场竞争日益激烈，消费者进行购买决策时面临的选择也更加多样化，"酒香不怕巷子深"的年代正在逐渐离我们远去。对于企业来说，即使其产品质量极具市场竞争力，也离不开品牌营销活动的锦上添花。如何维护并促进消费者和品牌之间的关系成为企业面临的重要问题，又是学界持续关注的热点问题。纵观品牌营销的历史，在大众传媒出现之前，消费者之间的面对面口碑传播是成就品牌的主要载体。但沟通工具、信息传播技术的进步带来了营销传播工具的革新，出现了报纸、广播、电视、互联网等。与传统的线下口碑传播相比，互联网等在线传播工具渗透到消费者的生活中，被大量的企业广泛使用，用以强化顾客和品牌所有者之间的沟通以及消费者群体内部之间的交流（李巍等，2010），于是基于互联网平台的在线品牌社区便开始作为营销工具应用到营销活动中（Muniz 等，2001）。

品牌社区平台这一媒介在营销活动中的应用不仅促进了消费者和企业之间的交流互动，还使得消费者之间可以更加便利地进行品牌相关信息的扩散和分享。研究发现在线品牌社区的建设和应用有助于企业挖掘消费者在品牌社区中的互动信息，便捷地获取营销调研的第一手材料和数据，更加有针对性地开展营销活（刘国华和邓新明，2011），最终可以实现营销目标，提升消费者的品牌忠诚度（王静一等，2012；周志民等，2011），甚至提升品牌资产价值（周志民等，2008；Fournier 等，2009）。HARLEY-DAVIDSON 的在线品牌社区建设便是一个非常典型的成功案例。Susan Fournier 和 Lara Lee（2009）认为哈雷戴维森品牌能够品牌资产价值达 78 亿，位于全球品牌排名前 50 名，企业从而免除 1983 年面临破产倒闭的灭顶之灾，转危为机，以及品牌随后取得的成功，都正是因为企业在 1983 年以后的 25 年内致力于建设品牌社区。受到 HARLEY-DAVIDSON 的启发，同时得益于 Web2.0 技术的推广应用，从商品包装行业到工业设备制造业等许多行业的市场营销人员都在尝试为他们自己经营的品牌打造在线品牌社区（Fournier 等，2009）。

通过在营销活动中应用在线品牌社区，企业从中获益匪浅。企业如果计划将在线品牌社区持续运营下去，使其继续为企业创造价值，不仅需要消费者持续参与使用在线品牌社区，而且需要使已经使用在线品牌社区的消费者愿意将这个在线品牌社区推荐给其他使用同一品牌产品但尚未注册使用在线品牌社区的消费者（Algesheimer 等，2005）。如果可以满足这些条件，企业的在线品牌社区将会不断发展壮大，因为使用在线品牌社区的消费者人数越多，参与程度越高，越能创造信息内容，从而更有效地将在线品牌社区访客发展为会员，会员成为贡献者，最终促进品牌营销传播效果（Langerak et al.，2003）。也就是说，消费者与在线品牌社区之间的关系将会影响到在线品牌社区能否在品牌传播效果中发挥积极作用。那么，作为消费者的移动互联网用户对在线品牌社区的哪些感知特征将影响他们与在线品牌社区之间的关系呢？特别是当前消费者在移动互联网环境下是信息生产和传播的主体，他们通过移动终端设备在移动互联网环境下与其他消费者建立关系，改变了传统媒体环境下消费者与品牌的沟通方式（段淳林和林伟豪，2014）。所以，在移动互联网环境下，这些特征又将如何影响消费者与在线品牌社区之间的关系呢？这两个问题在当前的研究中，尚未得到充分关注，是为本章接下来将要回答的主要问题。特别是随着移动技术的出现和蓬勃发展，中国成为全球移动互联网用户数量最多的国家，我们将基于移动终端用户这一消费者群体在使用在线品牌社区时的情况展开研究。

6.2　本章研究框架和提出假设

6.2.1　提出假设

（1）在线品牌社区感知特征

技术接受模型理论（Technology Acceptance Model，TAM）结合消费者的信息科技使用行为，认为感知易用性和感知有用性是接受使用信息技术的主要决定性因素，用户对信息技术的感知特征通过用户对信息技术的态度来影响用户最终是否采用的意愿。而且，感知易用性显著正向影响感知有用性（Davis，1989），这为本章的研究框架奠定了基础。许多学者（Zhu 等，2002；刘强，2011；Read et al.，2011；Yang et al.，2010；Chung et al.，2010）将技术接受模型理论置入互联网、IPTV、电子书阅读器、在线虚拟社区等诸多不同的技术环境下进行应用，Davis 提出的技术接受模型理论都得到了验证。随着对技术接受模型理论研究的不断深入，Ritu Agarwal 和 Jayesh Prasad（1998）认为预测消费者对信息技术态度和采用的决定性因素不能完全由感知易用性和感知有用性来解释，还存在其他感知特征。Coursaris 和 Sung（2012）以移动互联网为背景研究移动网站的采纳时，指出感知互动性是另外一个影响消费者采纳行为的重要因素，因为感知互动性越强，表明消费者的参与程度也越强，绩效质量能带来更多价值。而且，研究还发现感知易用性和感知互动性也存在正向关系（Cyr et al.，2009）。所以，本章中的感知易用性指的是一种程度，表示消费者在移动互联网环境下使用在线品牌社区时的容易程度；感知有用性是指消费者在移动互联网环境下使用在线品牌社区的过程中感知到在线品牌社区对其有帮助的程度。在线品牌社区从信息技术层面来看也是基于互联网技术搭建而成，从营销学角度来看是消费者之间以及消费者与品牌之间互动的平台，所以推测技术接受模型理论在在线品牌社区环境下同样适用。据此，我们提出以下假设：

H1：移动互联网环境下，作为消费者的移动互联网用户对在线品牌社区的感知易用性水平越高，在线品牌社区的感知有用性水平也越高。

H2：移动互联网环境下，作为消费者的移动互联网用户对在线品牌社区的感知易用性水平越高，在线品牌社区的感知互动性水平也越高。

（2）感知有用性与在线品牌社区满意度

在营销学领域中有许多关于消费者满意度的研究，消费者的满意度是市场经济的产物，企业实施营销战略、开展营销活动的主要目标就是为了满足消费者的需求，获取消费者的满意，从而使其购买相关的产品或服务。Cardozo（1965）最早将满意度这个概念用到营销学的研究中，通过实验证明消费者对一个产品的满意度取决于他们为了得到这个产品所付出的努力以及他们对这个产品的期望值。当产品没有达到消费者的期望值时，消费者的满意度较低。

许多学者认为消费者在使用网上社区时受到各自使用动机因素的影响，比如获取产品信息、结交朋友、打发时间等不同的消费者使用动机（宁连举等，2013；Newhagen et al.，1996；Barker，2009）。宁连举等（2013）发现消费者在社区中获取有效信息的多少会影响消费者对社区的满意度，即获得有效信息越多，则消费者的满意度也越高。吴晓波等（2012）结合技术接受模型，以3G用户为例进行的实证研究也表明，感知有用性也显著正向地影响消费者的满意度。这与Bhattacherjee（2001）的观点一致，消费者满意度受到感知有用性的影响。对消费者而言，在线品牌社区的主要功能也正是获取品牌的相关信息，消费者通过移动终端设备在这个社区内与对同一品牌有共同兴趣的其他消费者进行经验交流或信息分享。如果消费者在品牌社区内可以获得非常全面、有效的品牌信息，那么他们会对在线品牌社区非常满意。比如，在社会化媒体盛行的时代，消费者多是通过碎片时间上网，他们短时间内打开手机登录在线品牌社区便能迅速找到自己需要的大量相关信息，那么他们就会感到很满意。因此，本章提出研究假设3：

H3：移动互联网环境下，作为消费者的移动互联网用户对在线品牌社区的感知有用性水平越高，对在线品牌社区的感知满意度也越高。

（3）感知互动性与在线品牌社区满意度

随着网页作为商业媒介兴起，感知互动性被视为网页与其他传统媒体所不同的一个独有特征（G. Wu，1999；Stewart et al.，2002）。越来越多的企业创办在线品牌社区吸引消费者参与进行互动讨论，为产品开发、服务改进、顾客互助等贡献智慧。王永贵和马双（2013）认为在线品牌社区环境下消费者的互动分为三种，分别是消费者群体之间的人际互动、与品牌社区的互动、消费者纯粹围绕品牌来寻找产品信息所发生的产品互动。Morris 和 Ogan（1996）指出互动性是人际传播的一个自然属性，近来互动性也被应用到各类新媒体研究中，所以本研究所指的感知互动性主要是指王永贵和马双（2013）研究中的人际互动这个方面，是指消费者在互动中感知到的一种互动程度。在互动情境下，互动是参与者为了实现某一需求目标所采用的手段，互动决定了营销传播的质量，消费者在互动中通过寻找、选择、加工、使用、回应信息，影响了随后营销传播的进程和效果（Stewart et al.，2002），互动促进了社区满意度（王永贵和马双，2013）。

通过这些文献的梳理，我们可以推论在品牌社区内，通过移动终端连接到移动互联网，消费者以"品牌"为中心联结在一起，围绕品牌进行互动沟通时会提供很多相关使用信息，对别人发表的话题进行回应，消费者之间的沟通范围变大且沟通质量也会提升。在移动互联网情境下，当消费者感知互动性越好，就越容易被吸引到互动活动中，消费者之间的沟通状况可以得到提高。通过互动活动，不仅解决了自己的疑问，同时也与其他消费者进行互助，得到自我需求的满足，实现资源分享、价值共创，自然就会对在线品牌社区有较高的满意度。所以，本章提出研究假设：

H4：移动互联网环境下，作为消费者的移动互联网用户对在线品牌社区的感知互动性水平越高，对在线品牌社区的感知满意度也越高。

（4）在线品牌社区满意度与认同度

在线品牌社区认同这个概念是从社会学领域的认同理论衍生而来，最初 Muniz 和 O'Guinn 提出品牌社区时，便指出品牌社区的主要特征之一是社区意识，即品牌社区认同（张保花、胡旺盛、张三宝，2011）。Algesheimer 等（2005）认为在线品牌社区认同从认知层面来看是消费者与在线品牌社区之间的一种关系，是消费者对品牌社区的一种归属感，消费者认为自己是品牌社区中的一员；从情感层面来看，是消费者对品牌社区的一种情感承诺，消费者认同社区规范、社区仪式和发展目标等。本研究所指的在线品牌社区认同遵循 Algesheimer 等（2005）对在线品牌社区认同的界定，所以移动互联网用户的在线品牌社区认同就是指他们在使用在线品牌社区时将自己当作社区内的成员，重视与在线品牌社区内其他成员之间的关系比如友谊，价值观与品牌社区的理念相似。

顾客在购买产品和服务使用后所形成的满意度通过深化发展和提升便形成了顾客认同度（王大悟，2004）。消费者通过移动终端使用在线品牌社区后，如果认为这个品牌社区信息量丰富，比较有用，也比较容易操作，消费者可以与其他成员顺畅沟通，在使用中对品牌社区也会比较满意。所以，他们将会更加深入地认可和遵守在线品牌社区的传统、规范，认为在线品牌社区内提供的服务或者感知到的用户体验非常舒适，就会产生高度的认同感。在一个组织内，满意度正向显著影响成员的组织认同（奚菁，2008），消费者的认同感正是通过满意度这一路径而进一步达成的（王大悟，2004），因此通过平板电脑、手机等移动终端使用在线品牌社区的消费者对在线品牌社区的满意度越高，则对品牌社区的认同度也越高。由此，我们可以得到下面这个假设：

H5：移动互联网环境下，作为消费者的移动互联网用户对在线品牌社区的满意度越高，对在线品牌社区的认同度也越高。

（5）在线品牌社区满意度与忠诚度

从行为科学角度来说品牌忠诚是指顾客对产品或服务的不断重复购买行为，而且向其他消费者推荐此产品或服务（李希、刘静娴，2014）。金立印（2007）认为在线品牌社区忠诚度是与品牌社区意识正向相关的，品牌社区忠诚度可以通过消费者是否会一直停留在这个社区，是否会经常访问并参与社区的讨论等活动，是否会向身边其他消费者推荐这个品牌社区等三个方面的行为意向来进行判断。这一概念通过在线品牌社区忠诚度对社区成员消费者自身长期使用行为的影响，以及这些忠诚的消费者进一步影响其他非品牌社区成员的消费者等两个方面，清晰地描述了在线品牌社区忠诚度的测量维度，将为本研究所采用。

在线品牌社区的成员是因为一个品牌而凝聚在一个社区内，社区存在于消费者的心智中。当所有成员都认为这是一个共同体时，他们的品牌社区意识证明品牌社区是存在的。消费者通过移动终端使用在线品牌社区时，他们的用户需求（比如信息获取需求）得到满足，在与其他成员进行互动的过程中建立起情感层面的关系纽带，使他们对品牌社区拥有归属感，社区意识就随之增强（金立印，2007）。消费者通过移动终端可以更加便捷地参与在线品牌社区的互动活动，随时进行跟帖回复、发表新话题等，自己的使用需求得到满足的同时还能在互动中在线帮助其他社区成员。在移动互联网环境下，消费者可以随时随地参与在线品牌社区的活动。及时的、频繁的、主动的良性互动会使这些社区成员成为有影响力的成员，这些消费者不仅自己成为社区内的意见领袖，同时随着意见领袖的增加，这个在线品牌社区的影响力也会得到提升。活跃的社区成员越多，消费者的使用需求越容易得到满足，消费者对在线品牌社区就会产生很高的满意度。消费者通过移动终端设备参与在线品牌社区得到了其他成员的认可和肯定，将会激发这些消费者参与的积极性，使他们对在线品牌社区进行积极的口碑传播，提高他们对在线品牌社区的忠诚度。所以，我们预测在线品牌社区满意度和忠诚度的关系是如下假设所述。

H6：移动互联网环境下，作为消费者的移动互联网用户对在线品牌社区的满意度越高，对在线品牌社区的忠诚度也越高。

6.2.2 本章概念模型的提出

根据上述的理论回顾和研究假设，本章的概念模型整理如图6-1所示本章主要研究移动互联网环境下，作为消费者的移动互联网用户对在线品牌社区的三个感知特征（感知有用性、感知易用性、感知互动性）如何影响消费者与在线品牌社区之间的关系。接下来的实证将对各研究假设进行检验。

6.3 研究方法

（1）问卷构成

问卷主要是测量感知有用性、感知易用性、感知互动性、品牌社区满

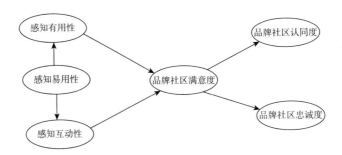

图6-1 品牌社区感知特征对品牌社区关系影响的概念模型

意度、品牌社区认同度、品牌社区忠诚度等构念。问卷也包括问卷填写对象的性别、年龄、教育背景、成为在线品牌社区成员的时间长度、每天使用在线品牌社区的时间长度等基本背景信息。

在测量"感知易用性"时借鉴了沙振权等（2010）、Shih（2004）的研究；测量"感知有用性"时参考了沙振权等（2010）、Shih（2004）的文献；"感知互动性"采用了Nambisan等（2009）、Preece（2001）和王永贵等（2013）的研究；"品牌社区满意度"参考了江佳祐（2005）、Langerak等（2003）、刘新（2011）和Ridings（2002）的研究测量题项；"品牌社区认同度"参考了蔡明达和刘宇杰（2013）、Algesheimer等（2005）的研究；"品牌社区忠诚度"参考了金立印（2007）的问卷题项。

（2）研究对象

鉴于本研究是重点观察移动互联网环境下，移动终端设备用户这一消费者群体在使用在线品牌社区时，在线品牌社区特征如何影响他们与在线品牌社区之间的关系。所以，在发放问卷时，设置了过滤项，确保最终得到的样本是通过移动终端来使用在线品牌社区的消费者。此外，考虑到获取样本的便利性，本研究选择了小米品牌社区来收集数据。因为小米公司是致力于移动终端研发的企业，理念与本研究不谋而合，而且小米在线品牌社区拥有大约1000万的注册用户，便于收集数据。

最终，本研究回收到有效问卷508份。在所有调查对象中，人口统计特征是：男性达到45.7%，女性达到54.3%，性别比例合适；年龄方面主要集中在 20 岁到 39 岁之间，该年龄段占所有样本的约 91%，说明年轻人更乐于体验新鲜事物，购买小米品牌的产品；教育背景方面，本科及以上的比例为 88.4%；注册小米品牌社区会员的时间长度方面，注册使用 1 年及以上的占 53.7%，注册使用 6 个月到 1 年的占 40.7%；在日均使用品牌社区时间方面，1～2 小时比例最大，为 57.3%，其次是小于 1 小时，约 27.6%，日均使用时间在 2 小时以上的占 15.2%。

6.4　研究结果

6.4.1　结构方程模型拟合优度检测

在正式进行实证数据分析之前，我们运用 SPSS 软件对问卷中的所有相关测量题项进行了探索性因子分析，发现 Cronbach's α 系数在统计学可接受的范围之内，说明本研究所使用的测量量表具有较高的信度。此外，本研究使用的量表也具有良好的内容效度。量表中的所有测量题项，均来自国内外学者发表在期刊文献中所使用的成熟量表，有很高的参考价值。所以，本研究所使用的量表具有可接受的信度和效度，为下一步的结构方程模型检验奠定了坚实的基础。

本章用 AMOS 22.0 软件进行结构方程模型分析，软件运行结果显示该研究模型的拟合指标如下：$\chi^2 = 368.719$，$df = 129$，$\chi^2/df = 2.858$，$RMSEA = 0.061$，$CFI = 0.941$，$NFI = 0.913$，$IFI = 0.941$（模型拟合指标的结果详情见表 6-1），说明这个研究模型拟合情况比较理想。

表 6-1　实证 Ⅱ 的结构方程模型拟合指标汇总

CMIN

Model	NPAR	CMIN	DF	P	CMIN/DF
Default model	42	368.719	129	.000	2.858
Saturated model	171	.000	0		
Independence model	18	4223.883	153	.000	27.607

续表

RMR，GFI

Model	RMR	GFI	AGFI	PGFI
Default model	.030	.922	.897	.696
Saturated model	.000	1.000		
Independence model	.289	.249	.161	.223

Baseline Comparisons

Model	NFI Delta1	RFI rho1	IFI Delta2	TLI rho2	CFI
Default model	.913	.896	.941	.930	.941
Saturated model	1.000		1.000		1.000
Independence model	.000	.000	.000	.000	.000

Parsimony-Adjusted Measures

Model	PRATIO	PNFI	PCFI
Default model	.843	.770	.793
Saturated model	.000	.000	.000
Independence model	1.000	.000	.000

NCP

Model	NCP	LO 90	HI 90
Default model	239.719	186.119	300.964
Saturated model	.000	.000	.000
Independence model	4070.883	3862.576	4286.459

FMIN

Model	FMIN	F0	LO 90	HI 90
Default model	.727	.473	.367	.594
Saturated model	.000	.000	.000	.000
Independence model	8.331	8.029	7.618	8.455

RMSEA

Model	RMSEA	LO 90	HI 90	PCLOSE
Default model	.061	.053	.068	.009
Independence model	.229	.223	.235	.000

续表

AIC

Model	AIC	BCC	BIC	CAIC
Default model	452.719	455.990	630.399	672.399
Saturated model	342.000	355.316	1065.412	1236.412
Independence model	4259.883	4261.285	4336.032	4354.032

ECVI

Model	ECVI	LO 90	HI 90	MECVI
Default model	.893	.787	1.014	.899
Saturated model	.675	.675	.675	.701
Independence model	8.402	7.991	8.827	8.405

HOELTER

Model	HOELTER.05	HOELTER.01
Default model	216	233
Independence model	22	24

6.4.2 实证研究的假设验证

从表 6-2 中我们可以看出，在移动互联网环境下，当移动互联网用户对在线品牌社区的感知易用性程度越高时，作为消费者的移动互联网用户对品牌社区的感知有用性程度也越高，感知易用性显著地促进了感知有用性的水平（β=0.861，p<0.05），假设 H1 得到验证。同时，消费者对在线品牌社区的感知易用性对感知互动性有显著的正向影响（β=0.742，p<0.05），感知易用性越强，消费者对在线品牌社区的感知互动性水平也越强，研究假设 H2 成立。

关于移动互联网环境下在线品牌社区的感知特征与消费者对在线品牌社区满意度之间的关系，我们发现感知有用性和感知互动性都显著地正向促进了消费者对在线品牌社区的满意度。而且，结构方程的标准化路径系数表明感知有用性对其影响（β=0.657，p<0.05）比感知互动性对其影响

更大（β＝0.376，p<0.05），所以假设 H3 和假设 H4 也得到支持。

表 6-2　结构方程模型的标准化路径系数估计

研究假设	标准化路径系数估计	S. E.	C. R.	P	假设是否成立
感知互动性←感知易用性	.742	.086	10.378	＊＊＊	是
感知有用性←感知易用性	.861	.087	10.415	＊＊＊	是
品牌社区满意度←感知有用性	.657	.075	9.550	＊＊＊	是
品牌社区满意度←感知互动性	.376	.052	6.900	＊＊＊	是
品牌社区忠诚度←品牌社区满意度	.960	.061	15.008	＊＊＊	是
品牌社区认同度←品牌社区满意度	.930	.061	13.607	＊＊＊	是

注：＊＊＊表示 p<0.001（双尾检验）。

从数据分析我们还可以看出，作为消费者的移动互联网用户对在线品牌社区的满意度与在线品牌社区忠诚度和认同度之间也有显著的正向相关关系。消费者通过移动终端使用在线品牌社区时，他们对在线品牌社区的感知满意度水平越高，则对在线品牌社区的感知忠诚度也越高（β＝0.960，p<0.05）。此外，数据也表明在移动互联网环境下，消费者在使用过程中对在线品牌社区的感知满意度会显著地正向促进消费者对在线品牌社区的认同度（β＝0.930，p<0.05），所以假设 H5 和假设 H6 也成立。

至此，通过假设检验的结果（如表 6-2 所示），可以得知本研究中所提出的六个理论假设全部得到数据支持，也通过了统计学的显著性检验。

6.4.3　备选竞争性模型

同样，本章除了图 6-1 提出的关于移动互联网环境下移动互联网用户的品牌社区感知特征对消费者与品牌社区关系影响的模型，又提出了一个竞争性模型（如图 6-2 所示），在这个模型中笔者将中介变量取消，"品牌社区感知有用性"、"品牌社区感知易用性"和"品牌社区感知互动性"等三个变量均设置为外生变量，将"品牌社区满意度"、"品牌社区认同度"和"品牌社区忠诚度"三个变量统一调整为内生变量。

笔者对品牌社区感知特征对品牌社区关系影响的竞争性模型也进行了

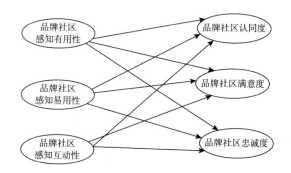

图 6-2　品牌社区感知特征对品牌社区关系影响的竞争性模型

拟合优度的检验，数据发现这个竞争性模型的拟合情况（详情如表 6-3 所示）如下：$\chi^2 = 788.881$，$df = 126$，$\chi^2/df = 6.259$，RMSEA = 0.102，CFI = 0.837，NFI = 0.813，IFI = 0.838。根据竞争性模型的各个拟合指标情况判断，卡方值从原来的 368.719 增加到 788.881，这一指标变差；卡方值与自由度之比也变大，已经超出我们通常的接受范围；CFI、NFI、IFI 也明显降低。综合来看，这个竞争性模型拟合程度比原有模型差，对这个竞争性模型中各变量间的影响也不必再具体分析探索，这再次证明我们原有的模型较好。

表 6-3　实证Ⅱ的竞争性模型拟合指标汇总

CMIN

Model	NPAR	CMIN	DF	P	CMIN/DF
Default model	45	788.681	126	.000	6.259
Saturated model	171	.000	0		
Independence model	18	4223.883	153	.000	27.607

RMR, GFI

Model	RMR	GFI	AGFI	PGFI
Default model	.166	.851	.798	.627
Saturated model	.000	1.000		
Independence model	.289	.249	.161	.223

Baseline Comparisons

Model	NFI Delta1	RFI rho1	IFI Delta2	TLI rho2	CFI
Default model	.813	.773	.838	.802	.837
Saturated model	1.000		1.000		1.000
Independence model	.000	.000	.000	.000	.000

Parsimony-Adjusted Measures

Model	PRATIO	PNFI	PCFI
Default model	.824	.670	.689
Saturated model	.000	.000	.000
Independence model	1.000	.000	.000

NCP

Model	NCP	LO 90	HI 90
Default model	662.681	577.766	755.083
Saturated model	.000	.000	.000
Independence model	4070.883	3862.576	4286.459

FMIN

Model	FMIN	F0	LO 90	HI 90
Default model	1.556	1.307	1.140	1.489
Saturated model	.000	.000	.000	.000
Independence model	8.331	8.029	7.618	8.455

RMSEA

Model	RMSEA	LO 90	HI 90	PCLOSE
Default model	.102	.095	.109	.000
Independence model	.229	.223	.235	.000

AIC

Model	AIC	BCC	BIC	CAIC
Default model	878.681	882.185	1069.053	1114.053
Saturated model	342.000	355.316	1065.412	1236.412
Independence model	4259.883	4261.285	4336.032	4354.032

续表

ECVI

Model	ECVI	LO 90	HI 90	MECVI
Default model	1.733	1.566	1.915	1.740
Saturated model	.675	.675	.675	.701
Independence model	8.402	7.991	8.827	8.405

HOELTER

Model	HOELTER.05	HOELTER.01
Default model	99	107
Independence model	22	24

Minimization： .004
Miscellaneous： .660
Bootstrap： .000
Total： .664

6.5　本章小结

通过研究，我们可以发现在移动互联网环境下，作为消费者的移动互联网用户通过移动终端设备访问在线品牌社区时，在线品牌社区的感知特征对消费者与在线品牌社区之间的关系具有显著的影响。它表明移动互联网用户对在线品牌社区的感知特征在消费者与在线品牌社区之间的关系形成中具有非常重要的作用。

本章通过结构方程验证了前文提出的所有假设，这不仅成功地将 Davis（1989）提出的技术接受模型理论嵌入到在线品牌社区的研究，并得到了验证，同时也丰富了在线品牌社区的研究。具体说来，在移动互联网环境下，移动互联网用户对品牌社区的感知易用性通过感知有用性和感知互动性对在线品牌社区的满意度具有间接的促进作用，感知有用性和感知互动性对消费者感知在线品牌社区的满意度有直接显著影响。同时，消费者对在线品牌社区的满意度也会显著地促进消费者对在线社区的感知认同度和忠诚度。

这也说明，消费者通过移动终端设备使用在线品牌社区首先感知到的是在线品牌社区的易用性，只有当他们认为这个在线品牌社区比较容易操作使用时，才会决定使用它来浏览信息、分享信息，才有机会感知到在线品牌社区的有用性。即感知易用性显著影响感知有用性，这与 Davis（1989）的研究一致。比如，当我们通过手机移动设备终端进入在线品牌社区时，如果发现使用界面非常友好，品牌社区内的操作也比较简单易懂，那么我们接下来才会继续通过它进行信息的搜寻、创造、共享、互动等一系列活动。反之，如果消费者进入在线品牌社区时，根本不能快速地了解、掌握它的使用方法，就会放弃此次尝试，不再使用这个在线品牌社区。

而且，在移动互联网环境下，消费者的沟通方式发生了转变，与以往媒介环境下不同（段淳林和林伟豪，2014）。在线品牌社区作为消费者之间以及消费者与品牌之间对话的平台，只有引起消费者的共鸣，才能使消费者加入。同时，在线品牌社区对消费者的能力也提出了一些要求，消费者要不断创造出新的信息内容来分享。同时为了满足自己的需求，消费者也要有很好的整合能力，这样才会从中获取更大的效用价值，进而与在线品牌社区形成比较好的关系。

在线品牌社区拥有丰富的信息资源和众多的消费者群体，消费者在使用在线品牌社区的过程中形成了价值共创网络。正如 Algesheimer 等（2005）所指出，这些通过移动终端设备访问在线品牌社区的消费者在持续使用的过程中，不是作为一个独立的个体存在于这个社区群体中，他们会对这个在线品牌社区形成一种归属感，会有一种社区意识，去自觉遵守社区规范、社区传统等。所以在使用过程中，消费者通过持续的互惠互助行为，融入在线品牌社区，进行价值共创，构造了价值共创网络，使彼此从中互惠。这样，消费者在情感方面就会对在线品牌社区形成认同和忠诚。这与金立印（2007）和张保花等（2011）的研究发现一致，对在线品牌社区满意度越高的消费者，他们对在线品牌社区的忠诚度和认同度越强，他们更愿意一直使用在线品牌社区，并将它推荐给周围的其他消费者，传播共同的品牌理念。

对于品牌企业而言，维持现有顾客并发掘潜在顾客都是十分重要的任务。他们既然选择使用在线品牌社区作为营销平台帮助其创造更多的价值，并且已经有许多成功的案例（比如 HARLEY-DAVIDSON 的品牌社区等），那么企业就应该注重提高消费者对在线品牌社区的满意度。特别是当今社会化媒体时代，消费者的口碑传播较传统媒体时代呈现几何级数裂变速度。品牌企业在运营在线品牌社区的过程中，应当注重建设在线品牌社区的易用性、有用性、互动性等方面，这样才能比较有效地培养消费者对在线品牌社区的满意度，进而提升忠诚度和认同度。特别是我们研究发现感知有用性对消费者的在线品牌社区满意度影响最大，所以企业在建设在线品牌社区时，要多注意这方面的问题，提高在线品牌社区的感知有用性。

本章研究了在移动互联网环境下，作为消费者的移动互联网用户对在线品牌社区的感知特征如何影响消费者与在线品牌社区之间的关系。但是在进行实证调查的过程中，本章只选取了小米品牌社区这一个在线品牌社区进行数据收集，未选取更多不同行业的在线品牌社区进行比较研究，这可能会在某种程度上影响本研究发现的普遍适用性。同时，本章选取的小米品牌社区是小米公司建立的官方在线品牌社区，可能只能反映消费者在使用官方在线品牌社区时的一些现象。

所以，后续的研究中我们应该选取更多不同类型不同行业的在线品牌社区展开研究，这样得到的结果才会具有更广阔的适用范围。同时，我们还可以继续研究在移动互联网环境下，消费者与在线品牌社区之间的关系将如何影响消费者与品牌之间的关系，为品牌企业开展顾客关系管理和品牌营销活动提供更多有益的启示。

第七章 实证Ⅲ：移动互联网用户的品牌社区使用对品牌关系质量的影响

7.1 引言

移动互联网在全球范围内不断渗透，在地铁站、公交车站，在火车、汽车，在图书馆、咖啡厅，我们都会注意到身边有许多朋友低着头使用手机或平板电脑等移动终端连接到互联网刷微博、逛人人、看小说、发图片、读新闻等，我们似乎已经习惯了到一家餐厅就餐时在点餐前先问一问商家有没有 Wifi，以及 Wifi 密码是什么。

当今的消费者在移动互联网时代，每天在多屏幕之间切换，在书桌前可能会同时面对着手机屏、平板电脑屏、台式电脑屏，消费者的办公学习方式、沟通方式、娱乐消遣方式、购物消费方式等多种生活方式无不受移动互联网的影响。正如梁健航（2014）所指出，目前在全世界范围内移动终端用户数量已经超过了桌面终端用户的数量。同时他还发现了一个现象，即在移动互联网时代消费者购物时，会使用不同的移动设备寻找信息、进行比较，不再像过去那样看到了某产品的电视广告就直接去商场购买。

移动互联网改变着消费者个体的生活方式，同时间接地也对企业等组织产生了影响，移动互联网技术促使企业开展移动营销活动，向目标顾客传递精准的个性化信息。因此，商家绝不会放过移动互联网技术为他们带来的商机。在多屏的移动互联网时代，消费者不再是信息的单方面接收者，他们通过移动设备与企业组织互动，提高了与品牌的互动程度，成为品牌价值共创的参与者。在移动营销这个过程中，在线品牌社区近年来作为企业广泛应用的营销工具，围绕某一个特定品牌开展营销活动，效果很好。

消费者通过智能手机、平板电脑等终端设备持续使用在线品牌社区并参与互动交流活动，随着时间的推移他们将与在线品牌社区形成紧密的关系。在线品牌社区是企业在移动互联网时代重要的营销平台，对于企业品牌主而言，他们不只是希望消费者与该品牌社区的关系停留在现状不变动，更希望消费者在使用在线品牌社区之后，使消费者与品牌之间的关系质量得到直接改善、提升。前面的章节已经研究发现，移动互联网环境下消费者重视移动终端的使用体验，在线品牌社区的感知易用性、感知有用性和感知互动性等特征对消费者与在线品牌社区之间的关系有正向促进作用。本章将进一步挖掘移动互联网环境下消费者使用在线品牌社区后，作为消费者的移动互联网用户与在线品牌社区形成的关系将如何影响他们和品牌之间的关系质量。

7.2　本章研究框架和研究假设

7.2.1　研究假设

（1）在线品牌社区满意度与认同度

关于顾客满意度的研究，从20世纪70年代至今国内外相关文献已经不计其数。在营销学界影响力深远的学者菲利普·科特勒对顾客满意度进行界定并被广泛引用，他认为"顾客满意是指一个人通过对一个产品的可感知效果与他的期望值比较，所形成的愉悦或失望的感觉状态"（菲利普·科特勒，1999）。所以，在笔者看来顾客满意度是一种心理状态，是消费者购买或使用某产品或服务后感知到的实际值与消费者先前没有使用或购买时候的心理预期值之间的比较结果，当感知实际值大于心理预期值时，满意度就高；反之，满意度就低。本章中在线品牌社区满意度是指，消费者通过移动设备访问、使用在线品牌社区后的实际感受与他们未在移动互联网环境下体验在线品牌社区提供的服务之前的期望值之间进行比较的结果。当他们的实际感受超过预期值的时候，顾客对在线品牌社区的满意度就高。

组织认同是指参与人员将自己视作群体组织中的一员，他们对组织的发展目标、规则制度、价值导向、组织使命等多方面表示认可并遵守，积极参与组织的内部活动，对组织有较强的心理依赖感（熊明良、孙健敏、顾良智，2008；Miller 等，2000）。周志民和郑雅琴（2011）认为品牌社区认同理论根源于社会认同理论，是社会认同理论在品牌社区研究领域的应用。笔者认为，在线品牌社区是由一群推崇某一特定品牌的追随者聚集形成的虚拟群体组织，在线品牌社区认同则是指这些追随者个体认为自己是属于某品牌社区群体的心理认同状态。他们承认在线品牌社区内的成员之间有共同的特征属性，这也是他们与来自其他在线品牌社区的成员区分开来的一个标志，他们对自己所从属的某一特定品牌的在线社区有心理情节方面的依赖感和归属感。正如 Algesheimer、Dholakia 和 Herrmann（2005）所说的那样，在线品牌社区认同是社区成员对社区传统、社区仪式和习惯等方面的认同和遵守，而且成员们愿意在社区进行沟通交流。

在线品牌社区对顾客参与的门槛设置较低，几乎对所有的顾客开放，顾客只要注册即可加入成员组，当然也可以自由地退出在线品牌社区。特别是在移动互联网时代，消费者能够更轻松便捷地随时登录在线品牌社区签到、对话、上传图片、分享心情等，有更多的机会与社区内的其他成员进行互动，强化消费者与在线品牌社区之间的关系。Coleman（1998）和蔡明达、刘宇杰（2013）发现每个消费者独立个体，当他们在一个特定的品牌社区内进行多频次多方位的互动交流后，他们对这一品牌所掌握的品牌知识也越丰富越广泛，自然而然社区内每个个体成员对在线品牌社区的认同度也会得到强化，就进而促使他们更好地进行互助活动。基于上述文献的论证，我们提出下列假设：

H1：移动互联网环境下，作为消费者的移动互联网用户对在线品牌社区的满意度正向影响他们对在线品牌社区的认同度。

（2）在线品牌社区满意度与忠诚度

顾客的忠诚度是指顾客长期持续购买或使用某一产品或服务的行为反映，消费者是否重复购买和使用某一品牌的产品和服务是衡量忠诚度的标准（韩经纶、韦福祥，2001）。韩经纶和韦福祥（2001）从静态层面和动态层面两个角度，对顾客满意度和忠诚度之间的关系进行了分析，在对动态关系的研究中还发现当消费者对感知服务质量不敏感时，只有当满意度程度非常高的情况下，才会出现消费者的顾客忠诚现象，即出现重复购买和使用。这项研究也表明了消费者满意不代表消费者忠诚，存在这样一种情况：当消费者对某一品牌满意度比较低时，可能就不会产生品牌忠诚这一行为。

汪纯孝、韩小芸和温碧燕（2003）根据认知、情感、意向、行为等将顾客忠诚度划分为四种不同的类型，通过一系列的实证研究，发现顾客的满意度是忠诚度的重要影响因素，顾客的忠诚度同时也会受到感知服务质量、消费者个人特质（如信任感）等其他因素的影响。赵莹莹（2010）以电子商务为背景也研究了满意度和忠诚度二者的关系，指出用户对电子商务服务的满意度水平越高，其忠诚度也越高。结合在线网站的用户易用性程度、有用性程度和娱乐性程度，Tam Tsui Wa（2003）提出在线消费者忠诚度整合模型，也证明消费者对在线网站服务的满意度对忠诚度有显著的积极影响。联系到对在线虚拟品牌社区领域的研究，樊华（2014）在研究中认为，消费者对在线品牌社区的满意度越高，他们对该在线品牌社区对应的忠诚度也越高，其间有正相关关系。因此，笔者提出以下假设：

H2：移动互联网环境下，作为消费者的移动互联网用户对在线品牌社区的满意度正向影响他们对在线品牌社区的忠诚度。

（3）品牌社区关系对品牌关系质量的影响

品牌关系是品牌与消费者关系的一个简称，品牌关系在基于顾客视角的品牌资产管理中具有重要的作用，是企业经营活动中最重要的一种资产（周志民，2004）。而品牌关系质量（brand relationship quality）则是使品牌关系强度概念化并对品牌关系的质量、深度、强度等方面进行评估的诊断性工具（Fournier，1998）。同时，Fournier（1998）在这篇关于品牌关系质量的奠基之作中还指出品牌关系质量可以预测关系稳定性和满意度等一系列动态的结果，常在研究人类关系的文献中使用，并指出品牌关系质量主要有六个方面构成：（对品牌的）挚爱和激情、自我联结（即品牌在多大程度上反映了自我的重要方面，比如自我特征和认同）、互相依赖性（强品牌关系的显著特征就是消费者和品牌之间很大程度上的相互依赖）、品牌承诺（消费者对品牌的高承诺水平常出现在强品牌关系中，消费者在某种程度上愿意从行为上去维持品牌关系的长久生命力）、关系亲密性（强品牌关系的核心根植于品牌信仰，他们相信品牌会有更好的产品绩效表现，消费者有精细的品牌知识结构，有更多层面能够反映亲密情感的程度及更加持久的关系连带）、品牌伴侣质量（反映了顾客将品牌视为伴侣对其绩效表现进行评估，比如品牌是否满足他们的需求，品牌在运营中是否是值得信赖等。）

在我国，关于评估品牌关系的研究中，周志民（2004）认为品牌关系是由认知、情感和忠诚等三个方面构成，对品牌关系的评估是一个系统、复杂的工程。何佳讯（2006）在 Fournier（1998）研究基础之上，结合中国市场环境下的本土企业和中国本土文化背景，从社会心理学视角的理论基础出发，剖析了品牌关系质量的构成成分，认为它主要包括信任、相互依赖、承诺、自我概念联结、真有与应有之情、社会价值表达等六方面。同时，也通过焦点小组访谈、开发问卷、问卷量表调研等定性和定量方法验证了品牌关系质量在中国本土文化环境下的构成要素，设计了测量量表。

因此，在这些中外学者的概念基础之上，本章所指的品牌关系质量是从认知、情感、忠诚等三方面来衡量消费者与品牌之间关系强度、深度、质量的一种工具。从品牌关系来看，在线品牌社区的良好经营和运转将改善顾客对品牌的满意度和忠诚度，同时促进品牌资产的上涨（刘淑强，2009）。Muniz 和 O'Guinn（2001）强调在线品牌社区是维持品牌关系的重要工具，通常情况下它会提升顾客对品牌的忠诚度。特别是在移动互联网环境下，在线品牌社区的成员置身于一个"网"中，这个"网"不仅仅是"移动互联网"（mobile internet），也是"关系网"（network）。消费者通过移动终端随时随地滑动指尖、触摸屏幕即可与在线品牌社区发生互动行为，进入在线品牌社区关系的形成过程当中。消费者在这一过程中的使用经历将会影响消费者以后对品牌是否继续忠诚、认同等，这都是品牌关系质量的体现。所以，消费者的在线品牌社区关系将会进一步影响消费者的品牌关系。

正如吴水龙、刘长琳和卢泰宏（2009）的研究所指出的，消费者的品牌体验会正向促进消费者的品牌关系强度，在线品牌社区在这个影响机制中起到中介作用。雷鸣、王贵贤和朱琴（2008）也认为消费者个体在品牌社区内，从心理上对品牌社区成员身份的感知会影响消费者的品牌忠诚以及诸如参与品牌活动、分享品牌的使用经验、向别人推荐这个品牌等行为。比如，某汽车品牌社区内的成员都驾驶同一个品牌的汽车，当他们感知到了彼此之间的成员关系，品牌社区感的作用就开始发挥，他们便会不由自主地相约组织线下的自驾聚会活动，保持对该品牌的偏好，即使该品牌价格略高于同品类的其他产品。在移动互联网情景下，品牌社区作为一个非地理意义上的交流平台，使得作为消费者的移动互联网用户能够有机会更加深入地接触品牌。品牌社区内的成员与该品牌的其他消费者进行深入的沟通交流，乃至直接向品牌所有者进行提问，参与产品创新、购买同一公司品牌旗下的其他系列产品、自愿向周围的朋友推荐使用这个品牌社区等。积极的、正面的品牌社区体验将会加深消费者对品牌的好感，强化消费者脑海中对品牌社区的情感认知，提升他们的品牌忠诚、品牌满意度，即有利于品牌关系质量的提升。

（4）品牌依恋的中介作用

消费者在日常生活中会遇到成千上万个品牌或产品，但众所周知我们并不是对所有品牌或产品都会产生情感依恋。品牌依恋这一理论起初来自心理学中的依恋理论，依恋理论是由心理学家 Bowlby 在开展母婴关系研究中完成的（姜岩、董大海，2008）。Bowlby（1979）认为依恋行为是某一个人对其他一些不同的、有偏好的个体保持持续亲密的一种行为方式，这些个体通常被认为是更强大的或者是更聪明的，特别是在幼儿时期小孩对母亲的依恋。依恋理论与依赖理论（Dependency theory）不同，依恋理论中的情感亲密性主要强调这些特征：专一性（Specificity）、持续性（Duration）、情感投入程度（Engagement of emotion）、自发性（Ontogeny）、能动性（Learning）、组织性（Organization）和生物功能（Biological function）等

（Bowlby，1979）。

依恋理论后来被营销学者引入品牌研究中（Zhimin Zhou，Qiyuan Zhang，Chenting Su，Nan Zhou，2012），而在品牌营销传播和管理中，品牌依恋主要是通过"依恋"这个概念来阐释消费者个体与品牌之间的亲密关系（田阳、王海忠、王静一，2010）。Park 等（2010）区分了品牌依恋和品牌态度强度两个构念，其文章被广泛引用，他们认为品牌依恋就是联结自我和品牌关系连带（bond）的强度，这个关系连带通过一个可以测量的记忆网络来作为例证，它包括了个体对品牌以及品牌与自我的关系等方面的想法和感受。本章的研究遵循 Park 等（2010）关于品牌依恋的定义。

Schouten、McAlexander 和 Koenig（2007）的研究表明消费者在品牌社区中获得卓越的顾客体验可以强化消费者对品牌社区的关系纽带。卓越的顾客体验有塑造或影响消费者态度和行为的力量，特别是当他们拥有巅峰体验时，可以产生信念和态度上持续性的转移，包括主观上的自我转型。同时，与那些在品牌社区内没有卓越品牌体验的消费者比较，拥有卓越体验的消费者更容易形成与其他消费者之间、与品牌、与建立品牌社区的品牌公司、与产品等更强的关系联结（Schouten，McAlexander，Koenig，2007）。也就是说，消费者在品牌社区的体验越畅快，他们与品牌社区的关系越密切，强化了社区内用户之间的联系，使他们的联系从弱连接逐步升级为强连接，消费者的品牌依恋程度也随之提高。在移动互联网环境下，消费者利用移动终端设备来访问品牌社区，是一种全新的媒介体验，这种体验势必影响用户与品牌社区之间的关系。当消费者感知到自己的社区身份时，他们对品牌社区认同度越高，便会更加频繁地参与品牌社区内的交流互动，对品牌的依恋程度也会增加；当消费者对品牌社区存在忠诚感时，他们会长期持续使用在线品牌社区，向别人推荐这个品牌社区，使其对在线品牌社区的融入度更深，更加强化品牌关系的情感纽带，提升消费者的品牌关系质量。Zhou 等（2012）的研究也证实，品牌社区承诺经过品牌依恋对品牌承诺具有正向促进作用，因此我们推断消费者与品牌社区之间的关系通过品牌依恋来影响消费者的品牌关系质量。

基于上述文献回顾，我们提出假设：

H3：移动互联网环境下，作为消费者的移动互联网用户对在线品牌社区的认同度正向影响品牌依恋。

H4：移动互联网环境下，作为消费者的移动互联网用户对在线品牌社区的忠诚度正向影响品牌依恋。

H5：移动互联网环境下，作为消费者的移动互联网用户的品牌依恋对品牌关系质量具有显著的正向影响。

7.2.2 本章实证研究概念模型

根据上述文献回顾和提出的研究假设，我们勾勒出了本章的理论研究框架模型。该研究框架主要是为了解决如下问题：在移动互联网环境下，移动互联网用户的品牌社区关系如何通过中介变量品牌依恋影响他们与品牌之间的关系质量。

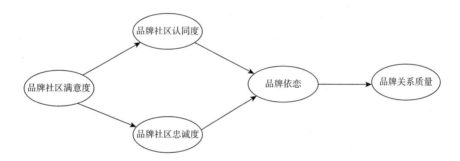

图 7-1 对品牌关系质量影响研究的概念模型

7.3 研究方法

（1）问卷量表的设计与形成

本章在开展实证究中主要涉及"品牌社区满意度"、"品牌社区认同度"、"品牌社区忠诚度"、"品牌依恋"和"品牌关系质量"等五个测量构念。

"品牌社区满意度"参考了江佳祐（2005），Langerak 等（2003），刘新（2011）和 Ridings（2002）的研究测量题项；"品牌社区认同度"参考了蔡明达、刘宇杰（2013）以及 Algesheimer 等（2005）等学者的研究；

"品牌社区忠诚度"这一变量测量参考了金立印（2007）的问卷题项；"品牌依恋"参考了Zhou等（2012），Thomson等（2005），田阳、王海忠、王静一（2010）的文章中使用的测量量表；"品牌关系质量"的测量参考了周志民（2004），刘柳（2012）的题项。

以上题项初步构成了本研究的测量量表，此外本研究又设置了关于被调查个人信息的题目。量表中涉及来自外文参考文献的题目也经过英汉、汉英的双向互译检测，以将歧义消除到最低程度。问卷初步设计完成后，交给1名传播学教授和2名营销学教授进行审核，以有效保证该问卷的质量和内容效度。最终经过调整和修改，形成了共有20道题目的问卷。

（2）选择被调查研究的品牌社区

由于本课题关注的是在移动互联网环境下，移动互联网用户的在线品牌社区使用行为，所以首先映入我们脑海的便是小米品牌社区，因为小米的LOGO是"MI"字形，是"Mobile Internet"的缩写，小米公司的CEO雷军曾说过小米科技就是要做移动互联网公司。另外，小米品牌社区的成员数量众多且非常活跃，每天都能够生成海量的信息，便于研究人员收集实证研究数据。

（3）预调查

在预调查阶段，笔者预先在网页上设计好要填写的问卷。其次，注册成为小米品牌社区的用户，通过站内信息的形式发放给其他用户，邀请其填写测试问卷，并承诺给其一定奖励作为报酬。预调查最后收集到了80份问卷，通过SPSS软件的信度检验，剔除了个别题项。

（4）问卷正式发放

在问卷正式发放阶段，设置了调研对象的过滤题项，以确保所有参与调研的被调查对象符合本研究的要求，即他们是通过移动终端使用小米品牌在线社区的用户。由于短时间内需要收集的样本数量较大，笔者委托了某专业的数据调研公司开展数据收集工作。最终，剔除了不合格的问卷后，本研究回收到有效问卷508份。在所有有效样本中，男性达到45.7%，女性达到54.3%，性别比例适当。

7.4　研究结果

7.4.1　结构方程模型的拟合优度检测

本研究使用统计数据分析软件 SPSS 19.0 版本，对收集到的实证数据进行信度检验。"品牌社区满意度"、"品牌社区认同度"、"品牌社区忠诚度"、"品牌依恋"和"品牌关系质量"等五个测量构念的 Cronbach's α 系数都在可接受范围内，数据表明本问卷具有较高的可信度。在调查问卷的内容效度方面，本问卷的题项均来自已有文献，被许多学者引用使用过，并经过传播学和营销学领域的教授把关、修订，具有良好的效度。

通过运行 AMOS 22.0 结构方程建模分析软件，该模型的拟合指标：$\chi^2 = 578.602, df = 203$，$\chi^2/df = 2.850$，RMSEA = 0.060，CFI = 0.936，NFI = 0.906，IFI = 0.937（模型拟合指标的结果详情见表 7-1），模型拟合情况良好，在可接受指标范围内。所以，本研究模型是符合统计学规范，所得出的研究结论是科学有效的。

表 7-1　实证Ⅲ的结构方程模型拟合指标汇总

CMIN

Model	NPAR	CMIN	DF	P	CMIN/DF
Default model	50	578.602	203	.000	2.850
Saturated model	253	.000	0		
Independence model	22	6144.976	231	.000	26.602

RMR，GFI

Model	RMR	GFI	AGFI	PGFI
Default model	.030	.905	.882	.726
Saturated model	.000	1.000		
Independence model	.334	.183	.105	.167

续表

Baseline Comparisons

Model	NFI Delta1	RFI rho1	IFI Delta2	TLI rho2	CFI
Default model	.906	.893	.937	.928	.936
Saturated model	1.000		1.000		1.000
Independence model	.000	.000	.000	.000	.000

Parsimony-Adjusted Measures

Model	PRATIO	PNFI	PCFI
Default model	.879	.796	.823
Saturated model	.000	.000	.000
Independence model	1.000	.000	.000

NCP

Model	NCP	LO 90	HI 90
Default model	375.602	307.528	451.316
Saturated model	.000	.000	.000
Independence model	5913.976	5661.722	6172.589

FMIN

Model	FMIN	F0	LO 90	HI 90
Default model	1.141	.741	.607	.890
Saturated model	.000	.000	.000	.000
Independence model	12.120	11.665	11.167	12.175

RMSEA

Model	RMSEA	LO 90	HI 90	PCLOSE
Default model	.060	.055	.066	.002
Independence model	.225	.220	.230	.000

AIC

Model	AIC	BCC	BIC	CAIC
Default model	678.602	683.354	890.126	940.126
Saturated model	506.000	530.045	1576.312	1829.312
Independence model	6188.976	6191.067	6282.047	6304.047

续表

ECVI

Model	ECVI	LO 90	HI 90	MECVI
Default model	1.338	1.204	1.488	1.348
Saturated model	.998	.998	.998	1.045
Independence model	12.207	11.710	12.717	12.211

HOELTER

Model	HOELTER.05	HOELTER.01
Default model	208	222
Independence model	23	24

Minimization： .036
Miscellaneous： .586
Bootstrap： .000
Total： .622

7.4.2　本章实证研究的假设检验

本章通过结构方程建模得到的标准化路径系数和显著性指标如表 7-2 所示，所有假设均得到支持。从标准化路径系数来看，在移动互联网环境下，移动互联网用户的品牌社区满意度对品牌社区认同度具有显著正向影响（$\beta = 0.907$，$p < 0.05$），H1 得到验证。作为消费者的移动互联网用户对品牌社区的满意度对品牌社区忠诚度具有显著正向促进作用（$\beta = 0.3938$，$p < 0.05$），H2 成立。消费者的品牌社区认同度正向影响消费者的品牌依恋程度（$\beta = 0.466$，$p < 0.05$），支持假设 3。消费者的品牌社区忠诚度对品牌依恋也具有积极的促进作用（$\beta = 0.553$，$p < 0.05$），H4 得到支持。消费者的品牌依恋对品牌关系质量具有正向影响（$\beta = 0.963$，$p < 0.05$），H5 也成立。

通过进一步分析比较路径系数，我们还不难得出消费者的品牌社区满意度对品牌社区忠诚度的作用效果略大于其对品牌社区认同度的作用（0.938 vs. 0.907），移动互联网用户的品牌社区忠诚度对移动互联网用户的品牌依恋这个变量的影响也大于移动互联网用户的品牌社区认同度对于移动互联网用户的品牌依恋的影响（0.553 vs. 0.466）。同时，由于 H3、

H4 和 H5 三个假设均得到验证，我们得知品牌依恋是中介变量，"中介"了品牌社区认同度和移动互联网用户的品牌关系质量的关系，也"中介"了移动互联网用户的品牌社区忠诚度对品牌关系质量的作用。

表 7-2 结构方程模型的标准化路径系数估计

研究假设	标准化路径系数估计	S. E.	C. R.	P	研究假设是否成立
H1 品牌社区认同度←品牌社区满意度	.907	.060	13.591	＊＊＊	是
H2 品牌社区忠诚度←品牌社区满意度	.938	.061	14.880	＊＊＊	是
H3 品牌依恋←品牌社区认同度	.466	.118	4.703	＊＊＊	是
H4 品牌依恋←品牌社区忠诚度	.553	.110	5.549	＊＊＊	是
H5 品牌关系质量←品牌依恋	.963	.066	12.497	＊＊＊	是

注：＊＊＊表示 $p < 0.001$（双尾检验），我们根据 P 值来判断路径系数是否在统计学上具有显著意义。

7.4.3 备选竞争性模型

像上文的实证研究 Ⅰ 和实证研究 Ⅱ 那样，本章除了图 7-1 提出的关于对品牌关系质量影响的模型外，又提出了一个竞争性模型（如图 7-2 所示），在这个模型中笔者将"品牌社区认同度"和"品牌社区忠诚度"设置为外生变量，与"品牌社区满意度"一起影响变量"品牌依恋"。同时，也设置"品牌社区认同度"和"品牌社区忠诚度"、"品牌依恋"等三个变量对"品牌关系质量"具有直接影响。

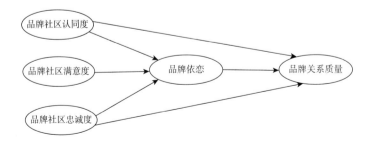

图 7-2 对品牌关系质量影响的竞争性模型

笔者对这个竞争性模型的也进行了拟合情况的参数估计，模型拟合情况（表7-3所示）如下：$\chi^2 = 1256.553$，$df = 202$，$\chi^2/df = 6.221$，$RMSEA = 0.101$，$CFI = 0.822$，$NFI = 0.796$，$IFI = 0.823$，拟合指标的情况不如上文原来提出的模型，对这个模型中各变量间的影响也不必再具体分析，间接地表明我们原有的模型较好。

表7-3　实证Ⅲ的竞争性模型拟合指标汇总

CMIN

Model	NPAR	CMIN	DF	P	CMIN/DF
Default model	51	1256.553	202	.000	6.221
Saturated model	253	.000	0		
Independence model	22	6144.976	231	.000	26.602

RMR，GFI

Model	RMR	GFI	AGFI	PGFI
Default model	.199	.824	.779	.658
Saturated model	.000	1.000		
Independence model	.334	.183	.105	.167

Baseline Comparisons

Model	NFI Delta1	RFI rho1	IFI Delta2	TLI rho2	CFI
Default model	.796	.766	.823	.796	.822
Saturated model	1.000		1.000		1.000
Independence model	.000	.000	.000	.000	.000

Parsimony-Adjusted Measures

Model	PRATIO	PNFI	PCFI
Default model	.874	.696	.719
Saturated model	.000	.000	.000
Independence model	1.000	.000	.000

NCP

Model	NCP	LO 90	HI 90
Default model	1054.553	946.422	1170.157
Saturated model	.000	.000	.000
Independence model	5913.976	5661.722	6172.589

续表

FMIN

Model	FMIN	F0	LO 90	HI 90
Default model	2.478	2.080	1.867	2.308
Saturated model	.000	.000	.000	.000
Independence model	12.120	11.665	11.167	12.175

RMSEA

Model	RMSEA	LO 90	HI 90	PCLOSE
Default model	.101	.096	.107	.000
Independence model	.225	.220	.230	.000

AIC

Model	AIC	BCC	BIC	CAIC
Default model	1358.553	1363.400	1574.307	1625.307
Saturated model	506.000	530.045	1576.312	1829.312
Independence model	6188.976	6191.067	6282.047	6304.047

ECVI

Model	ECVI	LO 90	HI 90	MECVI
Default model	2.680	2.466	2.908	2.689
Saturated model	.998	.998	.998	1.045
Independence model	12.207	11.710	12.717	12.211

HOELTER

Model	HOELTER.05	HOELTER.01
Default model	96	102
Independence model	23	24

Minimization: .005
Miscellaneous: .721
Bootstrap: .000
Total: .726

7.5　本章小结

采用结构方程建模的方法，通过在小米品牌社区收集的 508 份有效样本进行数据分析，本章研究了移动互联网环境下移动互联网用户的在线品牌社区关系（"满意度""认同度""忠诚度"三个维度）、"品牌依恋"和"品牌关系质量"等变量的作用关系。笔者主要发现以下几点。

第一，在移动互联网环境下，移动互联网用户的品牌社区满意度水平对品牌社区关系的另外两个维度（"认同度"和"忠诚度"）具有显著的提升作用。已经有前人的研究表明，消费者对在线品牌社区的认同会促进品牌忠诚和购买意愿，但是尚未有研究探讨在移动互联网环境下，聚焦在品牌社区这个领域范围内，这些品牌社区关系是如何相互影响的。本研究则深入梳理在品牌社区内部品牌社区关系的三个维度（"满意度""认同度""忠诚度"）之间的关系，移动互联网用户对品牌社区满意度较高时，才会进一步对品牌社区产生认同和忠诚。移动互联网环境下，消费者加入品牌社区的门槛更低，与传统互联网环境中的使用体验也有所不同。

何其聪和喻国明（2014）针对消费者在移动互联网环境下的媒介接触和使用习惯进行了研究，认为移动互联网并不是简单的互联网技术的更新升级，移动互联网的普及对用户来说是一种全新的媒体使用体验。在移动互联网环境下，用户的媒介使用已经渗透到消费者的日常社会生活中。而且，移动互联网技术促使了媒介的大融合，消费者并不像以前大众传播时代，每天在固定时间只有新闻报纸出版才得知最新消息，只有卫星电视转播才能收看电视节目等。当下，移动互联网用户通过移动终端既是信息传播的发送者，同时也是接收者。

也就是说，移动互联网颠覆了传统的大众媒体是传者、消费者是受者的单一对应关系，移动互联网让媒介成为消费者生活中不可或缺的一部分。同样，在移动互联网环境中的品牌社区也不例外，比如小米的在线品牌社区设置了一个板块叫"随手拍"，社区成员在平时生活中，可以把捕捉到的片段通过移动设备上传到社区内，与其他社区成员分享。当他们从品牌社区内得到积极的心理收益时，就提升了满意度。如果这一满意度可以长期持续下去，不断得到正面的反馈，品牌社区内的消费者就会发现他们在这里可以寻找到非同一般的品牌共鸣感受，这种共鸣反过来进一步强化了消费者与品牌社区的情感关系。进而，移动互联网用户就会更加乐于去坚持使用这个品牌社区，维持他们与品牌社区的联系和情感，保持忠诚。

第二，在移动互联网环境下，作为消费者的移动互联网用户在使用品牌社区时所形成的品牌社区关系越密切，品牌关系质量越优。移动互联网用户对品牌社区的使用感受、品牌社区关系与品牌关系质量有密切关系，吴水龙、刘长琳和卢泰宏（2009）的研究曾表明当顾客的品牌社区体验越佳，通过品牌社区这个媒介就会越容易形成品牌忠诚。这里的品牌社区就是指多个主体对象间的关系，比如消费者与社区内其他成员、产品、品牌所有者等之间的关系。本章则主要围绕消费者与在线品牌社区的关系这个视角，进一步挖掘品牌社区这一媒介使用过程中，消费者与在线品牌社区的关系是如何影响品牌关系质量，这在以往关于品牌社区的研究中是没有涉及的内容，也是一点理论贡献。从教育心理学的学习迁移理论来看这个道理是很容易理解，消费者在 A 情境中经历的刺激因素和在 B 情境中经历的刺激因素共同性越大，他们在 A 情境中获取到的知识、情感、态度等就越可能迁移到 B 情境中（Horvitz，1975；Thorndike 和 Woodworth，1901）。所以，消费者在品牌社区中所形成的关系主要也是围绕某品牌而形成，那么在品牌关系质量中也是围绕这个品牌所形成的，归根结底这份情感关系都是与特定的品牌所建立的。所以，社区成员在品牌社区中形成的情感关系也很容易转移到品牌关系的形成中。

在移动互联网环境下，究竟移动互联网用户使用品牌社区这个媒介的行为会对品牌关系产生什么影响呢？从微观、中观、宏观三个层次来看，媒介的使用对个体、群体、社会都有深远的影响。正如传播学者麦克卢汉所说的那样，伴随着每一次传播技术的更新，人们对世界的认知方式就会发生变化，媒介的技术形态对社会关系具有重大的影响。何其聪和喻国明（2014）也指出，移动互联网技术重构了传播行为和结构，传播技术的革新变革了大众社会中消费者使用媒介的习惯以及社会交往的形态，使得人与人的交流互动即时性显著。这一点在品牌社区的研究中也有明显的特征表现。起初，品牌社区的形成是线下的，如哈雷摩托车俱乐部；伴随着互联网技术的普及，线下与线上开始相互结合，消费者的交流也不再局限于现实世界，消费者可以在虚拟空间进行互动。而且在虚拟空间的互动时间更为长久，节约成本，但与传统的线下品牌社区相比，并没有削弱社区成员对这一品牌的热爱。近年来移动互联网技术普及，"掌媒""触媒"等移动终端的涌现，消费者的媒介消费习惯又一次发生了变革。消费者通过移动设备随时连接品牌社区，上传信息内容，进行交流互动，传统互联网对特定的上网时间、上网地点等环境限制进一步弱化，强化了消费者实时互动的社交特点，这为移动互联网用户在移动互联网环境下同社区内其他成员开展讨论、对话提供了技术方面的支持，为所有使用者与在线品牌社区形成良性的紧密关系提供了必备的基础。

　　第三，在移动互联网环境下，在线品牌社区在三个维度通过品牌依恋这个变量对品牌关系质量产生作用。品牌依恋是联结品牌和消费者自我概念的一个关系纽带，品牌社区关系和品牌关系正是通过这条纽带发挥桥梁作用而贯通起来。移动互联网用户同时也是消费者，他们使用品牌社区时自身需求不断得到满足，从而获取更大的使用价值、情感价值，与在线品牌社区形成密切的关系，在品牌社区内有强烈的身份认同感。这种情感关系在潜移默化中影响到消费者与品牌关系的形成。

　　在线品牌社区更多的是相当于一个"虚拟世界"，而与品牌的线下消费行为接触更多的是"现实世界"，消费者与在线品牌社区的良性关系促使他们去卖场购买这个品牌的产品，从"虚拟世界"走向"现实世界"。如果长期动态地来看二者的关系，获取更多的品牌产品消费使用经验后，如果他们的使用经验是积极的，那么他们反过来会进一步提升消费者与在线品牌社区的关系，二者相互影响、相互促进。但是，一旦品牌依恋这一中介减弱或隔断，二者的关系将很难联系在一起。

　　本研究虽然表明品牌依恋是在线品牌社区关系对品牌关系质量影响中的中介变量，但是通过结构方程的标准化路径系数，我们可以发现在线品牌社区认同度和在线品牌社区忠诚度对品牌依恋的影响分别是0.466和0.553，影响力不够大。可能还存在其他更有影响力的中介变

量，在将来的后续研究中有待继续研究讨论是否还存在其他的中介变量
或者调节变量。

同时，本研究在搜集实证研究的数据时，只从手机行业的小米品牌社
区中收集，这可能在某种程度影响了研究结果的可推广性。在以后的研究
中，适当增加更多的产品品类、在更多的在线品牌社区中收集数据，进行
比较，可以扩展研究发现的适用范围。

第八章 研究结论及展望

前面三章展开的实证研究，主要采用结构方程建模的方法对所有假设进行了验证，本书提出的移动互联网环境下，移动互联网用户的品牌社区持续使用意愿模型、移动互联网用户的品牌社区感知特征对品牌社区关系影响的模型、移动互联网用户的线上品牌社区关系对线下品牌关系质量的影响模型等都获得了很好的支持。本研究选择移动互联网用户这个群体开展研究，不仅拓展了品牌社区的理论研究视野，而且扩展了品牌传播与管理的理论研究，也为品牌所有者和品牌管理人员等开展实践提供了一些管理启示。

8.1 研究结论与实践启示

8.1.1 研究结论

第五章、第六章和第七章对提出的研究假设全部进行了检验，三个实证模型的主要研究结论如表 8-1 所示。本研究拟解决的问题都得到回应，实现了预期研究目标。现将主要研究结论归纳为以下几个方面。

第一，在移动互联网环境下，移动互联网用户对在线品牌社区的感知特征（三个维度）显著促进他们对品牌社区的持续使用意愿。通过实证 I 的研究，我们可以看出品牌社区的感知特征首先会通过移动互联网用户影响品牌社区的满意度这个变量，进而再影响他们持续使用品牌社区的意愿。感知易用性、感知有用性和感知互动性对消费者在移动互联网环境下的品牌社区持续使用意愿具有间接效应，其中感知有用性对品牌社区持续使用意愿的间接效应（根据表 5-3 的标准化路径系数值计算而得）是 0.761，感知互动性对品牌社区持续使用意愿的间接效应是 0.261，感知易用性对品牌社区持续使用意愿的间接效应是 0.65，所以感知有用性对消费者的品牌社区持续使用意愿的影响最大。同时，我们也发现在移动互联网环境下品牌社区的感知互动性对持续使用意愿的效应强度虽然略小，效应值是 0.261，但是在其他条件不变的情况下，当感知互动性的程度增加 1 个单位时，持续使用意愿也会增加 0.26 个单位。企业在进行品牌建设时也要重视品牌社区的互动性程度。

第二，明确了移动互联网环境下品牌社区感知特征内部之间的关系。在实证 I 的模型中我们可以看出，感知易用性对感知互动性具有显著的正向影响，它们之间的标准化路径系数是 0.736；当移动互联网用户对品牌社区的感知易用性程度越强时，感知有用性程度也越强，它们之间的标准化路径系数是 0.87，说明移动互联网用户对品牌社区的感知易用性程度对感知有用性的作用效应比感知易用性对感知互动性的效应大。在实证 II 研究移动互联网环境下品牌社区感知特征对品牌社区关系影响的结构方程模型中，这一判断再次得到印证。

第三，通过实证研究 II，笔者发现在移动互联网环境下品牌社区的感知特征对消费者—品牌社区关系具有显著的正向影响，即随着消费者对品牌社区感知互动性水平、感知易用性水平、感知有用性水平的提高，他们与品牌社区的满意度、认同度和忠诚度也会相应得到提升。感知有用性和感知互动性对消费者的品牌社区满意度具有直接效应，效应量是 0.657 和 0.376；同时感知有用性和感知互动性对品牌社区认同度和品牌社区忠诚度具有间接效应，效应量分别是 0.611 和 0.361；感知易用性对品牌社区关系的三个维度（"满意度""认同度""忠诚度"）具有间接效应，效应量分别是 0.845、0.785、0.811。所以，可以得出在移动互联网环境下，作为消费者的移动互联网用户对品牌社区的感知易用性对品牌社区的忠诚度影响效应最大，其次是感知有用性和感知互动性。

第四，通过实证研究 III，笔者发现在移动互联网环境下消费者与品牌社区之间的关系通过品牌依恋对消费者的品牌关系质量具有显著的促进作用。结构方程模型的检验结果表明在移动互联网环境下，品牌社区满意度、品牌社区认同度和品牌社区忠诚度对消费者的品牌关系质量具有间接效应，效应量分别是 0.906、0.448 和 0.533。也就是说在移动互联网环境下，消费者与品牌社区之间的关系中品牌社区满意度对消费者的品牌关系质量影响最大。

表 8-1　本研究的主要结论

研究内容	主要研究发现
实证 I：移动互联网用户的品牌社区持续使用意愿	移动互联网环境下，作为消费者的移动互联网用户对在线品牌社区的感知易用性程度越强，感知有用性程度也越强
	移动互联网环境下，作为消费者的移动互联网用户对在线品牌社区的感知易用性程度越强，感知互动性程度也越强
	移动互联网环境下，作为消费者的移动互联网用户对在线品牌社区的感知有用性程度越强，他们对在线品牌社区的满意度也越高
	移动互联网环境下，作为消费者的移动互联网用户对在线品牌社区的感知互动性程度越强，他们对在线品牌社区的满意度也越高
	移动互联网环境下，作为消费者的移动互联网用户对在线品牌社区满意度越高，其持续使用意愿越强
实证 II：移动互联网用户的品牌社区感知特征对消费者与品牌社区关系的影响	移动互联网环境下，作为消费者的移动互联网用户对在线品牌社区的感知有用性水平越高，对在线品牌社区的感知满意度也越高
	移动互联网环境下，作为消费者的移动互联网用户对在线品牌社区的感知互动性水平越高，对在线品牌社区的感知满意度也越高
	移动互联网环境下，作为消费者的移动互联网用户对在线品牌社区的满意度越高，对在线品牌社区的认同度也越高
	移动互联网环境下，作为消费者的移动互联网用户对在线品牌社区的满意度越高，对在线品牌社区的忠诚度也越高
实证 III：移动互联网用户的品牌社区使用对品牌关系质量的影响	移动互联网环境下，作为消费者的移动互联网用户对在线品牌社区的认同度正向影响品牌依恋
	移动互联网环境下，作为消费者的移动互联网用户对在线品牌社区的忠诚度正向影响品牌依恋
	移动互联网环境下，作为消费者的移动互联网用户的品牌依恋对品牌关系质量具有显著的正向影响

综合第三点和第四点，我们还可以得出第五点结论：在移动互联网环境下移动互联网用户对品牌社区感知特征的三个维度（"易用性""有用

性""互动性")通过他们的品牌社区关系三个维度（"满意度""认同度""忠诚度"），进而对他们的品牌关系质量产生正向影响。由此我们探明了在移动互联网环境下消费者使用品牌社区对品牌关系质量的影响机制。

8.1.2 实践启示

品牌社区可以帮助企业吸引更多的消费者，拓展市场；同时在这个社区内大家探讨的是共同的品牌。它也是培养和强化消费者对品牌忠诚的有效工具。本书的研究对品牌所有者和品牌管理人员在现实操作业务中建设品牌社区、开展品牌传播与管理活动具有一定的启示。

第一，企业建设品牌社区时，保证品牌社区在使用过程中的易用性。品牌主在互联网虚拟空间建立 BBS、微博的品牌官方主页，开发品牌独有的 APP 应用等品牌社区，是因为消费者会出于对品牌的共同热爱才去关注、使用品牌社区，如果在易用性方面存在问题或操作过于复杂，产生过多的时间成本和精力成本，移动互联网用户可能会放弃使用。

第二，重视品牌社区内消费者之间的关系，营造品牌社区内的互动氛围，使消费者在品牌社区内有更强的认同感和凝聚力。使用同一品牌的消费者，他们即使是陌生人，也有奇妙的亲切感。通过品牌个性也能够间接地反映消费者的特点，消费者在进行消费行为时无论是有意识还是无意识的，往往展示出了其心理的期待或欲望。当他们购买产品时，如果选择同一品牌，说明他们都认为自己对这一品牌比较契合，认为他们眼光相似。虽然这种认可度和亲切感比较微弱，但是随着在品牌社区之间一起参与活动、不断交流互动，认同感会不断加强，产生外部效应（比如发表观点的频率更高、互动的次数更多、使用时间更长、推荐人数更多等），共同促进品牌社区的繁荣。也可以通过开展品牌公关活动，传递品牌社区的仪式感和责任感，号召该品牌的消费者一起行动，促进社区内成员的凝聚力。

第三，企业要明确衡量品牌社区使用效果的标准。品牌社区的网络规模是否在扩大、社区成员的活跃度（可从社区成员进行新内容创造的角度测量）、社区成员的参与度（可从社区成员对他人发表话题的互动性和社区成员每天使用品牌社区的时间长度测量）等指标都需要企业进行测度。

通过横向、纵向比较这些指标，判断消费者是否提升了对企业的满意度、忠诚度，企业可以发现起初建立品牌社区的目的是否实现，是否为企业创造了价值。

第四，提升企业对品牌社区内的信息吸收转化能力。品牌社区的规模不断壮大创造了丰富的信息内容，用户之间进行分享信息、互相进行产品使用指导等，这些信息极有可能为企业的下一次技术创新提供线索。企业要提升科研能力和信息吸收能力，及时对品牌社区的信息内容进行整理、跟踪研究，使其转化为下一代技术或产品的创新点。

8.2 研究局限性及展望

研究消费者在移动互联网情景下对品牌社区的使用及影响机制是比较新颖的课题，在进行实证研究的过程中难免存在一些不足，在将来的后续研究中可以不断完善发展。

第一，在消费者对品牌社区的持续使用意愿的影响因素方面，研究还不够全面和完备。笔者起初构建模型时，主要结合对消费者的访谈和理论文献的梳理，认为互动性在移动互联网环境下是最具有代表性的影响因素，所以就没有把其他影响因素（比如品牌社区使用过程中的感知趣味性等）加入到研究的模型中。所以，在接下来的研究中，可以考虑将更加完备的影响因素加入到模型中来，这样或许能够更加贴近现实情况，更好地解释现实问题。

第二，在进行数据收集时，本书主要以我国在品牌社区建设方面比较典型的小米品牌为个案，未同时对多个品牌的品牌社区进行比较研究，当然也无法与其他不同行业的品牌社区在使用特点、类型方面进行对比。所以，在将来的后续研究中，可以通过收集来自多个不同行业不同类型的品牌社区的数据进行比较分析，抑或从跨文化传播与管理的角度收集中外不同的品牌社区数据展开研究；还可以收集官方品牌社区和消费者独自建立的品牌社区数据，通过比较或许有更多的发现。

第三，在研究方法方面，本书主要是采用结构方程模型建模来研究各个变量之间的影响关系，未使用实验法进行各因果关系的验证，可能会受到一些干扰因素的影响。而实验法是研究变量因果关系中最好的方法，起初用于心理学来研究行为科学，现在已经广泛应用到许多学科。由于实验法是研究人员对研究自变量的直接操纵，针对性更强，可以把其他干扰变量进行控制，更好地发现自变量对因变量的直接影响，而不会同时受到其他因素的影响，将干扰误差降到最低程度，在以后的研究中可以借鉴。

参考文献

英文参考文献

[1] Agarwal, R. , & Prasad, J. , "The antecedents and consequents of user perceptions in information technology adoption", *Decision Support Systems*, 1998, 22(1):15-29.

[2] Algesheimer, R. , Dholakia, U. M. , Herrmann, A. , "The social influence of brand community: Evidence from European car clubs", *Journal of Marketing*, 2005, 69(3):19-34.

[3] Barker, Valerie. "Older adolescents' motivations for social network site use: The influence of gender, group identity, and collective self - esteem", *CyberPsychology & Behavior*, 2009, 12(2):209-213.

[4] Bhattacherjee, Anol. "Understanding information systems continuance: an expectation-confirmation model", *MIS Quarterly*, 2001, 25 (3):351-370.

[5] Blumler, J. G. "The role of theory in uses and gratifications studies", *Communication Research*, 1979, 6(1):9-36.

[6] Brodie, R. J. , Ilic, A. , Juric, B. , et al. , "Consumer engagement in a virtual brand community: An exploratory analysis", *Journal of Business Research*, 2013, 66(1):105-114.

[7] Brogi, S. , "Online brand communities: a literature review", *Procedia-Social and Behavioral Sciences*, 2014, 109:385-389.

[8] Bruhn, M. , Schnebelen, S. , Schäfer, D. , " Antecedents and

consequences of the quality of e-customer-to-customer interactions in B2B brand communities ", *Industrial Marketing Management*, 2014, 43(1): 164-176.

[9]Bryant,J. ,Miron,D. ,"Theory and research in mass communication", *Journal of communication*,2004,54(4):662-704.

[10] Christine Tam Tsui Wa, "An integrated online customer loyalty model ", Master dissertation, Hong Kong Polytechnic University, 2003. Retrieved from http://repository. lib. polyu. edu. hk/jspui/bitstream/ 10397/2235/2/b17811454. pdf.

[11] Chun Hua Hsiao, Chyan Yang, "The intellectual development of thetechnology acceptance model: A co-citation analysis", *International Journal of Information Management*,2011,(31):128-136.

[12] Chung, J. E. , Park, N. , Wang, H. , et al. , "Age differences in perceptions of online community participation among non-users:An extension of the Technology Acceptance Model", *Computers in human behavior*, 2010, 26 (6):1674-1684.

[13] Chuttur, M. Y. , "Overview of the technology acceptance model: origins,developments and future directions",Indiana University,USA . Sprouts: Working Papers on Information Systems, 2009, 9 (37) . http://sprouts. aisnet. org/9-37.

[14] Coleman, J. S. , *Foundations of Social Theory*. MA: Harvard University Press,1998.

[15]Coursaris,C. K. & Sung,J. ,"Antecedents and consequents of a mobile website's interactivity",*New Media & Society*,2012,14(7),1128-1146.

[16]Cyr,D. ,Head,M. ,& Ivanov,A. ,"Perceived interactivity leading to e-loyalty:Development of a model for cognitive-affective user responses ", *International Journal of Human-computer Studies*,2009,67(10),850-869.

[17] Day, R. , " Extending the concept of consumer satisfaction ", *Asscociation for Consumer Research*,1977(4):149-154.

[18] Dimmick, J. , Sikand, J. , Patterson, S. , " The gratifications of the

household telephone: Sociability, instrumentality and reassurance ", *Communication Research*, 1994, 21(5), 643±663.

[19] Dobos, J., " Gratification models of satisfaction and choice of communication channels in organizations", *Communication Research*, 1992, 19, 29±51.

[20] Figge, S., " Situation-dependent services? A challenge for mobile network operators", *Journal of Business Research*, 2004, 57, 1416−1422.

[21] Fournier, S., " Consumers and their brands: developing relationship theory in consumer research", *Journal of Consumer Research*, 1998, 24(4): 343−353.

[22] Fournier, S., & Lee, L., "Getting brand communities right", *Harvard Business Review*, 2009, 87(4), 105−111.

[23] Fred D. Davis, "Perceived usefulness, perceived ease of use, and user acceptance of information technology", *MIS Quarterly*, 1989, 13 (3), pp. 319−340.

[24] Habibi, M. R., Laroche, M., Richard, M. O., " Brand communities based in social media: How unique are they? Evidence from two exemplary brand communities", *International Journal of Information Management*, 2014, 34(2):123−132.

[25] Habibi, M. R., Laroche, M., Richard, M. O., " The roles of brand community and community engagement in building brand trust on social media", *Computers in Human Behavior*, 2014, 37:152−161.

[26] Hendrickson, A. R., Massey, P. D., & Cronan, " On the test-retest reliability of perceived usefulness and perceived ease of use scale ", *Mis Quarterly*, 1993, 17(2), 227−30.

[27] James Mark Horvitz, "Transfer in children's paired-associate learning as a function of levels of meaning", *Report from the Project on Children's Learning and Development (Technical report)*, 1975:313.

[28] Jang, H., Olfman, L., Ko, I., et al., "The influence of on-line brand community characteristics on community commitment and brand loyalty",

International Journal of Electronic Commerce, 2008, 12(3): 57-80.

[29] John Bowlby, "The making and breaking of affectional bonds", *Brit. J. Psychiat*, 1977, 130: 201-210.

[30] John W. Schouten, James H. McAlexander, Harold F. Koenig, "Transcendent customer experience and brand community", *Journal of the Academic Marketing Science*, 2007, 35: 357-368.

[31] Jung, Na Young, Soohyun Kim, and Soyoung Kim, "Influence of consumer attitude toward online brand community on revisit intention and brand trust", *Journal of Retailing and Consumer Services*, 2014, 21(4): 581-589.

[32] Katz, Elihu, Hadassah Haas, and Michael Gurevitch, "On the use of the mass media for important things", *American Sociological Review*, 1973: 164-181.

[33] Langerak, F. et. al., "The effect of members' satisfaction with a virtual community on member participation", ERIM Report Services Reference No. ERS-2003-004-MKT. http://ssrn. com/abstract = 411641.

[34] Lee, I., Kim, J., "Use contexts for the mobile internet: A longitudinal study monitoring actual use of mobile internet services", *International Journal of Human-computer Interaction*, 2005, 18(3): 269-292.

[35] Leung, L., Wei, R., "The gratifications of pager use: sociability, information-seeking, entertainment, utility, and fashion and status", *Telematics and Informatics*, 1998, 15(4): 253-264.

[36] Maslow, A. H., *Motivation and Personality*, Harper and Row, New York, 1970.

[37] Matthew Thomson, Deborah MacInnis, C. Whan Park, "The ties that bind: Measuring the strength of consumers' emotional attachments to brands", *Journal of Consumer Psychology*, 2005, 15(1), 77-91.

[38] McAlexander, J. H., Schouten, J. W., Koenig, H. F., "Building brand community", *Journal of Marketing*, 2002, 66(1): 38-54.

[39] Miller, V. D., Allen, M., Casey, M. K., et al., "Reconsidering the organizational identification questionnaire", *Management Communication*

Quarterly,2000,13(4):626-658.

[40]Morris,M. & Ogan,C. , "The Internet as mass medium", *Journal of Communication*,1996,46(1),39-50.

[41]Muniz Jr. , A. M. , O'guinn,T. C. , "Brand community", *Journal of Consumer Research*,2001,27(4):412-432.

[42]Nambisan,S. & Baron,R. A. , "Virtual customer environments:testing a model of voluntary participation in value co-creation activities", *Journal of Product Innovation Management*,2009,26(4),388-406.

[43] Newhagen, J. E. , Rafaeli, S. , "Why communication researchers should study the Internet: A dialogue", *Journal of Computer Mediated Communication*,1996,1(4):4-13.

[44] Park, C. W. , MacInnis, D. J. , Priester, J. , Eisingerich, A. B. , Iacobucci,D. , "Brand attachment andbrand attitude strength: Conceptual and empirical differentiation of two criticalbrand equity drivers", *Journal of Marketing*,2010,74(11):1-17.

[45] Preece, J. , "Sociability and usability in online communities: determining and measuring success", *Behaviour & Information Technology*, 2001,20(5),347-356.

[46] Read, Wayne, Nichola Robertson, and Lisa McQuilken, "A novel romance: The technology acceptance model with emotional attachment", *Australasian Marketing Journal*,2011,19(4):223-229.

[47] Ridings, Catherine M. , David Gefen, and Bay Arinze, "Some antecedents and effects of trust in virtual communities", *The Journal of Strategic Information Systems*,2002,11(3):271-295.

[48]Rubin,A. M. , "Television uses and gratifications:The interactions of viewing patterns and motivations", *Journal of Broadcasting & Electronic Media*,1983,27(1):37-51.

[49] Shih, H. P. , "Extended technology acceptance model of internet utilization behavior",*Information & Management*,2004,41(6):719-729.

[50] Stewart, D. W. & Pavlou, P. A. , "From consumer response to active

consumer：measuring the effectiveness of interactive media", *Journal of the academy of Marketing Science*, 2002, 30(4), 376-396.

［51］Thorndike, E. L. & Woodworth, R. S., "The influence of improvement in one mental function upon the efficiency of other fuctions", *Psychological Review*, 1901(8):384-395.

［52］Wu, Guohua, "Perceived interactivity and attitude toward web sites", *In Proceedings of the Conference-American Academy of Advertising*, 1999, pp. 254-262.

［53］Yang, K., Lee, H. J., "Gender differences in using mobile data services：Utilitarian and hedonic value approaches", *Journal of Research in Interactive Marketing*, 2010, 4(2):142-156.

［54］Zheng, X., Cheung, C. M. K., Lee, M. K. O., et al., "Building brand loyalty through user engagement in online brand communities in social networking sites", *Information Technology & People*, 2015, 28(1).

［55］Zhimin, Zhou, Qiyuan, Zhang, Chenting, Su, Nan Zhou, "How do brand communities generate brand relationships? Intermediate mechanisms", *Journal of Business Research*, 2012(65):890-895.

［56］Zhu, Jonathan, J. H., and Zhou, He, "Perceived characteristics, perceived needs, and perceived popularity adoption and use of the Internet in China", *Communication Research*, 2002, 29(4):466-495.

中文参考文献

［1］艾瑞咨询集团，2012-2013 China Mobile Internet Report，［2013-11-27］，http：//www. iresearchchina. com/samplereports/5292. html.

［2］蔡明达、刘宇杰：《网络品牌社群认同与投入对消费者行为之影响》，*Journal of e-Business*，2013，15（2）：295-318.

［3］陈圣举：《移动互联网商业模式浅析》，《移动通信》2010 年第 6 期。

［4］陈先红：《试论品牌传播的消费者导向原则》，《现代传播（中国传媒大学学报）》2002 年第 1 期。

［5］陈瑶、邵培基：《社交网站持续使用的实证研究》，《信息系统学报》2011 年第 8 期。

［6］戴尼耳：《基于 3G 通讯环境的移动虚拟品牌社区研究》，湖南师范大学硕士学位论文，2010。

［7］邓朝华、鲁耀斌：《电子商务网站用户的感知因素对满意度和行为的影响研究》，《图书情报工作》2008 年第 5 期。

［8］丁家永：《移动互联时代品牌传播理念，思维及其技术变化》，《心理技术与应用》2014 年第 7 期。

［9］丁时杰、舒华英、闫强：《移动互联网环境下危机信息人际传播机制研究》，《科技情报开发与经济》2010 年第 18 期。

［10］段淳林、林伟豪：《移动互联网时代的品牌传播创意研究》，《编辑学刊》2014 年第 1 期。

［11］段淳林、于小川：《传播模型的介入对品牌传播的影响研究》，《现代传播（中国传媒大学学报）》2010 年第 11 期。

［12］段鹏：《传播效果研究：起源，发展与应用》，中国传媒大学出版社，2008。

［13］樊华：《新媒体下的品牌社群之品牌忠诚度模型构建》，《中国商贸》2014 年第 25 期。

［14］〔美〕菲利普·科特勒：《营销管理——分析、计划、执行和控制》，梅汝和等译，上海人民出版社，1999。

［15］龚宏程、方晓明、龚宏锐：《移动互联网现状和发展趋势浅析》，《江西通信科技》2014 年第 4 期。

［16］顾洁、田维钢：《移动新闻的新闻形态特征：情境，平台与生产方式》，《现代传播（中国传媒大学学报）》2013 年第 10 期。

［17］韩经纶、韦福祥：《顾客满意与顾客忠诚互动关系研究》，《南开管理评论》2001 年第 6 期。

［18］何佳讯：《品牌关系质量本土化模型的建立与验证》，《华东师范大学学报》（哲学社会科学版）2006 年第 38（3）期。

［19］何其聪，喻国明：《移动互联用户的媒介接触：行为特征及研究范式》，《新闻记者》2014 年第 12 期。

［20］黄静、王利军：《构建品牌社区》，《商业时代》2004 年第 18 期。

［21］《Interbrand 公布最佳全球品牌排行榜，华为首次上榜》，［2014-12-16］，http：//mi. techweb. com. cn/tmt/2014-10-10/2082255. shtml.

［22］江佳祐：《衡量虚拟社群使用满意度之研究》，"国立"台湾大学硕士学位论文，2005，第 33 页。

［23］姜岩、董大海：《品牌依恋的概念架构及其理论发展》，《心理科学进展》2008 年第 4 期。

［24］金立印：《虚拟品牌社群的价值维度对成员社群意识，忠诚度及行为倾向的影响》，《管理科学》2007 年第 2 期。

［25］雷鸣、王贵贤和朱琴：《品牌社区感对品牌忠诚感和相关行为的影响及营销启示》，《江苏商论》2008 年第 10 期。

［26］李高广：《电信运营商移动互联网运营模式研究》，《北京邮电大学学报》（社会科学版）2008 年第 3 期。

［27］李红柳：《品牌社区研究综述》，《广告大观》（理论版）2007 年第 6 期。

［28］李巍、陆林：《品牌社群作用机制的实证分析——消费者参与的中介作用》，《西南大学学报》（社会科学版）2010 年第 5 期。

［29］李希、刘静娴：《品牌社群认同对品牌忠诚的影响机制研究——以奥迪汽车品牌社群为例》，《南京邮电大学学报》（社会科学版）2014 年第 1 期。

［30］梁健航：《Simon Kahn：多屏移动营销大趋势》，《新营销》2014 年第 8 期。

［31］梁晓涛、汪文斌：《移动互联网》，武汉大学出版社，2013。

［32］林嵩：《结构方程模型原理及 AMOS 应用》，华中师范大学出版社，2008。

［33］刘国华、邓新明：《品牌社区研究综述及展望：基于 2000 年以后的西方文献》，《兰州学刊》2011 年第 7 期。

［34］刘柳：《微博营销对品牌关系质量的影响研究》，上海交通大学硕士学位论文，2012。

［35］刘柳：《虚拟社区中的人际互动》，《南京邮电大学学报》（社会科学版）2006 年第 2 期。

［36］刘强：《融合媒体的受众采纳行为研究》，上海交通大学博士学位论文，2011。

［37］刘淑强：《基于顾客让渡价值的品牌社群构建》，《商场现代化》2009 年第 28 期。

［38］刘新：《虚拟品牌社群认同对品牌忠诚的影响》，中南大学博士学位论文，2011。

［39］陆亨：《使用与满足：一个标签化的理论》，《国际新闻界》2011 年第 2 期。

［40］陆均良、孙怡、王新丽：《移动互联网用户继续使用意愿研究——基于自助游者的视角》，《旅游学刊》2013 年第 4 期。

［41］罗军舟、吴文甲、杨明：《移动互联网：终端，网络与服务》，《计算机学报》2011 年第 11 期。

［42］宁连举、张欣欣、刘自慧：《SNS 中人际互动对用户持续使用意愿的影响研究》，《北京邮电大学学报》（社会科学版）2013 年第 3 期。

［43］邱皓政：《量化研究与统计分析——SPSS 中文视窗版数据分析范例解析》，重庆大学出版社，2009。

［44］邱瑜：《虚拟品牌社区感知特性对女性成员知识共享行为的影响——以化妆品行业为例》，浙江工商大学硕士学位论文，2013。

［45］沙振权、蒋雨薇、温飞：《虚拟品牌社区体验对社区成员品牌认同影响的实证研究》，《管理评论》2010 年第 12 期。

［46］沈杰、王詠：《品牌社区的形成与发展：社会认同和计划行为理论的视角》，《心理科学进展》2010 年第 6 期。

［47］眭雅婷、吕艳丽：《品牌社群的影响作用和发展策略评析》，《未来与发展》2011 年第 3 期。

［48］孙建军、成颖、柯青：《TAM 模型研究进展——模型演化》，《情报科学》2007 年第 8 期。

［49］陶建杰：《传媒与城市软实力》，复旦大学博士学位论文，2009。

［50］田阳、王海忠、王静一：《虚拟品牌社群与品牌依恋之间关系的

实证研究》，《经济管理》2010 年第 11 期。

　　［51］万婧：《品牌社区的力量》，《市场观察》2005 年第 2 期。

　　［52］汪纯孝、韩小芸、温碧燕：《顾客满意感与忠诚感关系的实证研究》，《南开管理评论》2003 年第 4 期。

　　［53］王斌辉：《消费者参与中小企业虚拟品牌社群的内在动机研究》，《中国城市经济》2011 年第 8 期。

　　［54］王大悟：《满意度、敬业度、认同度——关于旅游企业服务利润链的另类思考》，《旅游学刊》2004 年第 2 期。

　　［55］王静一、田阳、王海忠：《虚拟品牌社群如何创造品牌忠诚？——基于不同承诺类型的中介作用》，《中大管理研究》2012 年第 3 期。

　　［56］王松涛：《探索性因子分析与验证性因子分析比较研究》，《兰州学刊》2006 年第 5 期。

　　［57］王新新、薛海波：《论品牌社群研究的缘起、主要内容与方法》，《外国经济与管理》2008 年 4 期。

　　［58］王新新、薛海波：《消费者参与品牌社群的内在动机研究》，《商业经济与管理》2008 年第 10 期。

　　［59］王毅、王兴元：《广义品牌社区的形成与演进及其对企业管理策略的启示》，《上海经济研究》2009 年第 2 期。

　　［60］王永贵、马双：《虚拟品牌社区顾客互动的驱动因素及对顾客满意影响的实证研究》，《管理学报》2013 年第 9 期。

　　［61］王原：《品牌族群的诞生》，《科技与企业》2011 年第 5 期。

　　［62］王战、蒋浩：《关于品牌社区价值及其经营策略的研究综述》，《东南传播》2011 年第 1 期。

　　［63］吴满意、廖子夏：《网络人际互动研究的理论基础与概念解析》，《社会科学研究》2012 年第 6 期。

　　［64］吴明隆：《SPSS 操作与应用——问卷统计分析实务》，台中：五南图书出版公司，2008。

　　［65］吴水龙、刘长琳和卢泰宏：《品牌体验对品牌忠诚的影响：品牌社区的中介作用》，《商业经济与管理》2009 年第 7 期。

［66］吴思、凌咏红、王璐:《虚拟品牌社区中互动,信任和参与意愿之间关系研究的》,《情报杂志》2011年第10期。

［67］奚菁:《中国家族企业组织认同及其相关因素研究》,暨南大学博士学位论文,2008。

［68］夏芝宁:《SNS网站成员参与动机研究》,浙江大学学位论文,2010。

［69］肖明超:《移动互联时代如何思考品牌传播》,《中国品牌》2014年第6期。

［70］肖志辉:移动互联网研究综述》,《电信科学》2009年第10期。

［71］熊明良、孙健敏、顾良智:《工作满意感、组织认同与离职倾向关系实证研究》,《商业经济与管理》2008年第6期。

［72］薛海波、王新新:《品牌社群关系网络密度影响品牌忠诚的作用机制研究》,《商业经济与管理》2011年第8期。

［73］杨水清、鲁耀斌、曹玉枝:《使用情景对移动互联网用户采纳行为影响的实证研究》,《情报杂志》2012年第10期。

［74］叶健:《2014上半年中国移动互联网用户规模达6.86亿》,［2014-6-28］,http://news.xinhuanet.com/newmedia/2014-06/28/c_126682915.htm。

［75］余明阳、舒咏平:《论"品牌传播"》,《国际新闻界》2002年第3期。

［76］张保花、胡旺盛、张三宝:《品牌社区认同因素对社区成员行为倾向影响研究》,《中南大学学报》(社会科学版)2011年第4期。

［77］张国良:《新媒体技术的社会影响》,《数字未来与媒介社会》,2010。

［78］张树庭:《论品牌作为消费交流的符号》,《现代传播(中国传媒大学学报)》2005年第3期。

［79］赵卫宏、王东:《虚拟品牌社区消费者参与动机研究:中国消费者视角》,《企业经济》2011年第7期。

［80］赵莹莹:《虚拟品牌社区用户忠诚度影响因素研究》,东北财经大学硕士学位论文,2010。

［81］郑文坚：《移动互联时代的品牌再思考》，《企业改革与管理》2014 年第 20 期。

［82］中华人民共和国工业和信息化部：《2014 年 11 月份通信业经济运行情况》，［2015-1-20］，http：//www. miit. gov. cn/n11293472/n11505629/n11506323/n11512423/n11512603/n11930035/16329801. html.

［83］中国工业和信息化部电信研究院：《2011 年移动互联网白皮书》，［2015 - 2 - 10］，http：//course. baidu. com/view/6d0417e 9998fcc22bcd10d2c. html？ re＝view.

［84］周志民、李蜜：《西方品牌社群研究述评》，《外国经济与管理》2008 年第 1 期。

［85］周志民、饶志俊、李楚斌：《在线品牌社区中访客看帖行为效应研究》，《珞珈管理评论》2012 年第 1 期。

［86］周志民、郑雅琴：《从品牌社群认同到品牌忠诚的形成路径研究》，《深圳大学学报（人文社会科学版）》2011 年第 6 期。

［87］周志民：《品牌关系三维结构的实证研究》，《深圳大学学报（人文社会科学版）》2004 年第 5 期。

［88］周志民：《品牌社群形成机理模型初探》，《商业经济与管理》2006 年第 11 期。

附录一：Interbrand 发布 2014 最佳 全球品牌榜单 Top 100

2014 排名	Brand 品牌名称	Region/Country 所属地区 \ 国家	Sector 行业部门	Brand Value 品牌价值	Change in Brand Value 品牌价值变化
01	Apple	United States	Technology	118863 $m	+21%
02	Google	United States	Technology	107439 $m	+15%
03	Coca-Cola	United States	Beverages	81563 $m	+3%
04	IBM	United States	Business Services	72244 $m	−8%
05	Microsoft	United States	Technology	61154 $m	+3%
06	GE	United States	Diversified	45480 $m	−3%
07	Samsung	South Korea	Technology	45462 $m	+15%
08	Toyota	Japan	Automotive	42392 $m	+20%
09	McDonald's	United States	Restaurants	42254 $m	+1%
10	Mercedes-Benz	Germany	Automotive	34338 $m	+8%
11	BMW	Germany	Automotive	34214 $m	+7%
12	Intel	United States	Technology	34153 $m	−8%
13	Disney	United States	Media	32223 $m	+14%
14	Cisco	United States	Technology	30936 $m	+6%
15	Amazon	United States	Retail	29478 $m	+25%
16	Oracle	United States	Technology	25980 $m	+8%
17	HP	United States	Technology	23758 $m	−8%
18	Gillette	United States	FMCG	22845 $m	−9%
19	Louis Vuitton	France	Luxury	22552 $m	−9%

续表

2014 排名	Brand 品牌名称	Region/Country 所属地区 \ 国家	Sector 行业部门	Brand Value 品牌价值	Change in Brand Value 品牌价值变化
20	Honda	Japan	Automotive	21673 $m	+17%
21	H&M	Sweden	Apparel	21083 $m	+16%
22	Nike	United States	Sporting Goods	19875 $m	+16%
23	American Express	United States	Financial Services	19510 $m	+11%
24	Pepsi	United States	Beverages	19119 $m	+7%
25	SAP	Germany	Technology	17340 $m	+4%
26	IKEA	Sweden	Retail	15885 $m	+15%
27	UPS	United States	Transportation	14470 $m	+5%
28	eBay	United States	Retail	14358 $m	+9%
29	Facebook	United States	Technology	14349 $m	+86%
30	Pampers	United States	FMCG	14078 $m	+8%
31	Volkswagen	Germany	Automotive	13716 $m	+23%
32	Kellogg's	United States	FMCG	13442 $m	+4%
33	HSBC	United Kingdom	Financial Services	13142 $m	+8%
34	Budweiser	United States	Alcohol	13024 $m	+3%
35	J. P. Morgan	United States	Financial Services	12456 $m	+9%
36	Zara	Spain	Apparel	12126 $m	+12%
37	Canon	Japan	Electronics	11702 $m	+6%
38	Nescafé	Switzerland	Beverages	11406 $m	+7%
39	Ford	United States	Automotive	10876 $m	+18%
40	Hyundai	South Korea	Automotive	10409 $m	+16%
41	Gucci	Italy	Luxury	10385 $m	+2%
42	Philips	Netherlands	Electronics	10264 $m	+5%
43	L'Oréal	France	FMCG	10162 $m	+3%
44	Accenture	United States	Business Services	9882 $m	+4%
45	Audi	Germany	Automotive	9831 $m	+27%
46	Hermès	France	Luxury	8977 $m	+18%
47	Goldman Sachs	United States	Financial Services	8758 $m	+3%
48	Citi	United States	Financial Services	8737 $m	+10%

续表

2014 排名	Brand 品牌名称	Region/Country 所属地区 \ 国家	Sector 行业部门	Brand Value 品牌价值	Change in Brand Value 品牌价值变化
49	Siemens	Germany	Diversified	8672 $m	+2%
50	Colgate	United States	FMCG	8215 $m	+5%
51	Danone	France	FMCG	8205 $m	+3%
52	Sony	Japan	Electronics	8133 $m	−3%
53	AXA	France	Financial Services	8120 $m	+14%
54	Nestlé	Switzerland	FMCG	8000 $m	+6%
55	Allianz	Germany	Financial Services	7702 $m	+15%
56	Nissan	Japan	Automotive	7623 $m	+23%
57	Thomson Reuters	Canada	Media	7472 $m	−8%
58	Cartier	France	Luxury	7449 $m	+8%
59	adidas	Germany	Sporting Goods	7378 $m	−2%
60	Porsche	Germany	Automotive	7171 $m	+11%
61	Caterpillar	United States	Diversified	6812 $m	−4%
62	Xerox	United States	Business Services	6641 $m	−2%
63	Morgan Stanley	United States	Financial Services	6334 $m	+11%
64	Panasonic	Japan	Electronics	6303 $m	+8%
65	Shell	Netherlands	Energy	6288 $m	+14%
66	3M	United States	Diversified	6177 $m	+14%
67	Discovery	United States	Media	6143 $m	+7%
68	KFC	United States	Restaurants	6059 $m	−2%
69	Visa	United States	Financial Services	5998 $m	+10%
70	Prada	Italy	Luxury	5977 $m	+7%
71	Tiffany & Co.	United States	Luxury	5936 $m	+9%
72	Sprite	United States	Beverages	5646 $m	−3%
73	Burberry	United Kingdom	Luxury	5594 $m	+8%
74	Kia	South Korea	Automotive	5396 $m	+15%
75	Santander	Spain	Financial Services	5382 $m	+16%
76	Starbucks	United States	Restaurants	5382 $m	+22%
77	Adobe	United States	Technology	5333 $m	+9%

续表

2014排名	Brand 品牌名称	Region/Country 所属地区 \ 国家	Sector 行业部门	Brand Value 品牌价值	Change in Brand Value 品牌价值变化
78	Johnson & Johnson	United States	FMCG	5194 $m	+9%
79	John Deere	United States	Diversified	5124 $m	+5%
80	MTV	United States	Media	5102 $m	+2%
81	DHL	United States	Transportation	5084 $m	NEW
82	Chevrolet	United States	Automotive	5036 $m	+10%
83	Ralph Lauren	United States	Apparel	4979 $m	+9%
84	Duracell	United States	FMCG	4935 $m	+6%
85	Jack Daniel's	United States	Alcohol	4884 $m	+5%
86	Johnnie Walker	United Kingdom	Alcohol	4842 $m	+2%
87	Harley-Davidson	United States	Automotive	4772 $m	+13%
88	MasterCard	United States	Financial Services	4758 $m	+13%
89	Kleenex	United States	FMCG	4643 $m	+5%
90	Smirnoff	United Kingdom	Alcohol	4609 $m	+8%
91	Land Rover	United Kingdom	Automotive	4473 $m	NEW
92	FedEx	United States	Transportation	4414 $m	NEW
93	Corona	Mexico	Alcohol	4387 $m	+3%
94	Huawei	China	Technology	4313 $m	NEW
95	Heineken	Netherlands	Alcohol	4221 $m	-3%
96	Pizza Hut	United States	Restaurants	4196 $m	-2%
97	Hugo Boss	Germany	Apparel	4143 $m	NEW
98	Nokia	Finland	Technology	4138 $m	-44%
99	Gap	United States	Apparel	4122 $m	+5%
100	Nintendo	Japan	Electronics	4103 $m	-33%

资料来源：http://wiki.mbalib.com/zh-tw/Interbrand_ 2014 年全球最佳品牌100 强。

附录二：关于移动互联网环境下的品牌社区使用情况调查问卷

亲爱的朋友，您好！

  我们目前正在开展一项研究是关于"移动互联网环境下的品牌社区使用情况"的调查。本问卷为匿名填写，答案没有对错之分，仅供学术研究之用。严格保密，请您放心！您的参与对我非常重要，感谢您的支持！

移动品牌传播课题组

e-mail：dengyuanbing@ 126. com

===

本问卷仅面向移动互联网用户发放填写

➢ 在 线 品 牌 社 区——在 互 联 网 时 代，在 线 品 牌 社 区（onlinebrandcommunity）是消费者搜寻产品和品牌信息进行互动交流的重要场所。根本上说，它是以品牌为主题的一种消费社群，社群内的成员由于关注和使用同一个品牌而使用相应的某个品牌社区，人们在社区内的关系不是建立在现实社会中地理区域意义上的社会关系。

➢ 本问卷所指的在线品牌社区是：比如，微博、人人网等社交媒体平台上的品牌官方主页；品牌官方 BBS 网络论坛等。

===

第一部分

请您结合自己通过移动终端设备使用小米在线品牌社区的使用经历，回答下列问题。

其中1表示"非常不同意"，2表示"不同意"，3表示"有点不同意"，4表示"不确定"，5表示"有点同意"，6表示"同意"，7表示"非常同意"

请根据您的实际情况，在相应项目的数字上打勾"√"（均为单选）。

序号	题目	非常不同意	不同意	有点不同意	不确定	有点同意	同意	非常同意
X01	官方的在线品牌社区在移动终端上的操作容易学习	1	2	3	4	5	6	7
X02	官方的在线品牌社区的版面设计容易寻找到我所需信息	1	2	3	4	5	6	7
X03	官方的在线品牌社区的功能多样易于满足不同浏览习惯的移动互联网用户	1	2	3	4	5	6	7
X11	官方的在线品牌社区有助于我了解到此品牌产品的推介信息	1	2	3	4	5	6	7
X12	官方的在线品牌社区有助于我分享他人的使用经验和品牌评价	1	2	3	4	5	6	7
X13	官方的在线品牌社区有助于我获得一些难题的可靠解决方案	1	2	3	4	5	6	7
X21	我在官方的在线品牌社区中发起话题时，会得到他人的响应	1	2	3	4	5	6	7
X22	我经常参与社群内其他成员的话题并共同讨论、相互帮助	1	2	3	4	5	6	7
X23	我经常与社群内其他成员沟通交流、建立关系	1	2	3	4	5	6	7
CI01	将来我打算继续使用这个官方的在线品牌社区	1	2	3	4	5	6	7

续表

序号	题目	非常 不同意	不同意	有点 不同意	不确定	有点 同意	同意	非常 同意
CI02	将来我愿意继续使用这个官方的在线 品牌社区	1	2	3	4	5	6	7
CI03	将来我会经常使用这个官方的在线品 牌社区	1	2	3	4	5	6	7
SA01	我对参与这个官方的在线品牌社区十 分满意	1	2	3	4	5	6	7
SA02	我觉得这个官方的在线品牌社区非常 成功	1	2	3	4	5	6	7
SA03	成为这个官方的在线品牌社区中的一 员，是一个正确的决定	1	2	3	4	5	6	7
DE01	我视自己为该官方在线品牌社区的 一员	1	2	3	4	5	6	7
DE02	我很重视我与该官方在线品牌社区中 其他成员之间的友谊	1	2	3	4	5	6	7
DE03	我认为该官方在线品牌社区的理念与 我的价值观相类似	1	2	3	4	5	6	7
LY01	我会一直留在这个官方的在线品牌社 区里	1	2	3	4	5	6	7
LY02	我会一直定期访问这个官方的在线品 牌社区网站并积极参与讨论和其他 活动	1	2	3	4	5	6	7
LY03	我会向身边拥有同品牌产品的人积极 推荐这个官方的在线品牌社区	1	2	3	4	5	6	7
BA01	我喜爱这个品牌	1	2	3	4	5	6	7
BA02	我痴迷于这个品牌	1	2	3	4	5	6	7
BA03	我和该品牌之间有强烈的依附关系	1	2	3	4	5	6	7
Y01	使用了这个官方的在线品牌社区，使 我能够说出此品牌与同类产品的其他 品牌存在的差异	1	2	3	4	5	6	7
Y02	使用了这个官方的在线品牌社区，使 我感觉此品牌与同类产品的其他品牌 不同	1	2	3	4	5	6	7

序号	题目	非常 不同意	不同意	有点 不同意	不确定	有点 同意	同意	非常 同意
Y03	使用了这个官方的在线品牌社区，使我相信此品牌可以满足我的需求	1	2	3	4	5	6	7
Y04	使用了这个官方的在线品牌社区，使我认为这个品牌的产品品质是可靠的	1	2	3	4	5	6	7
Y05	使用了这个官方的在线品牌社区，使我相信这个品牌可以解决我对产品的问题	1	2	3	4	5	6	7
Y06	使用了这个官方的在线品牌社区，使我愿意下次购买同类产品时继续选择这个品牌	1	2	3	4	5	6	7
Y07	使用了这个官方的在线品牌社区，使我愿意向亲友推荐这个品牌	1	2	3	4	5	6	7
Y08	使用了这个官方的在线品牌社区，使我愿意花时间等待购买该品牌	1	2	3	4	5	6	7
Y09	使用了这个官方的在线品牌社区，使我也愿意购买此品牌，即使它的产品价格稍贵	1	2	3	4	5	6	7
Y10	使用了这个官方的在线品牌社区，使我愿意尝试此品牌的新产品	1	2	3	4	5	6	7

第二部分

请根据您的实际情况，在相应字母上打勾"√"。

1. 您的性别：

    A. 男　　　　　　　　B. 女

2. 您的年龄：

    A. 19 岁及以下　　　　B. 20~29 岁　　　　C. 30~39 岁

    D. 40~49 岁　　　　　E. 50~59 岁　　　　F. 60 岁及以上

3. 您的教育背景：

    A. 小学及以下　　　　B. 初中　　　　　　C. 高中

    D. 大专　　　　　　　E. 本科　　　　　　F. 研究生及以上

4. 您成为官方在线品牌社区成员的时间：

    A. 不到 6 个月　　　　　B. 超过 6 个月但不足 1 年

    C. 超过 1 年

5. 您平均每天在官方在线品牌社区花费的时间：

    A. 不足 1 小时　　　　　　　　　　B. 超过 1 小时不足 2 小时

    C. 超过 2 小时不足 4 小时　　　　　D. 超过 4 小时

后 记

本书是在博士论文基础之上修订而成，感谢郑州大学新媒体中心提供的出版资助，让本书有机会与更多读者相见。当我再次打开这篇文档进行编辑的时候，我依然能够清晰地记得当时在撰写过程中的一幕幕。

虽然没有挑灯夜战，但是那些日子的图书馆见证了我早出晚归的身影。早早地来到图书馆，找一个安静的角落，打开笔记本，手指开始滴滴答答地在键盘上游走。我想大多数人文社科类的博士生都有类似的回忆，因为都没有一间固定的办公室或实验室做科研。有时，论文进展得很顺利，可以按时完成每天的写作计划；然而，也有的情况是一两周都敲不出来几个字，反而越是抓耳挠腮越是什么都不想写……那就索性不写了，丢下电脑，找个风景不错的地方去转转，再不济就找家口碑不错的餐厅大快朵颐，写作的日子就这样慢慢地前行。

有朋友为博士毕业一再延期而夜不能寐，我们便时常讨论当初为什么读博士，放着大好青春时光写那些根本没有几个人会认真阅读的论文做何用？幸运的是，我们终归还是从读博这条小船安全靠岸着陆。我们用四年或者是更长的时间换来了一纸证书，同时收获更多的是我们开始学会如何去思考问题和分析解决问题。从初次缩手缩脚地登台宣讲会议论文，到后来为杂志社匿名评审论文，这是一个成长的过程。别人或许看不到，但是我们内心很清楚。

有学生调侃道，"老师，男博士毕业时不应该自带地中海吗？"我笑着说，我不够用功，你去读一个试试看。在新西兰学习时，我遇见过四十多岁的同学还在念博士，在国内看来这个样本可能是个奇异值。不过，我认同他们终身学习的追求。就好像我现在开始了教职生涯，从学生身份到教师身份的转变，标志着又一个新的学习起点的出现。我想未知的东西还有很多，虽然以后再也没有毕业证书和学位证书的鉴定，但是前进的步伐不能停止。

以此书感谢全家人对我最无私的支持和宽容，感谢各位师长和朋友对我的指点和提携。

于郑州大学

2017 年 7 月

图书在版编目（CIP）数据

移动互联网用户的品牌社区使用及影响机制／邓元
兵著. -- 北京：社会科学文献出版社，2017.12
（新媒体公共传播）
ISBN 978-7-5201-1938-2

Ⅰ.①移… Ⅱ.①邓… Ⅲ.①移动网-传播媒介-研
究 Ⅳ.①G206.2

中国版本图书馆 CIP 数据核字（2017）第 298537 号

新媒体公共传播
移动互联网用户的品牌社区使用及影响机制

著　　者／邓元兵

出 版 人／谢寿光
项目统筹／王　绯
责任编辑／张建中

出　　版／社会科学文献出版社·社会政法分社（010）59367156
　　　　　地址：北京市北三环中路甲 29 号院华龙大厦　邮编：100029
　　　　　网址：www.ssap.com.cn
发　　行／市场营销中心（010）59367081　59367018
印　　装／三河市尚艺印装有限公司

规　　格／开　本：787mm×1092mm　1/16
　　　　　印　张：9.75　字　数：151 千字
版　　次／2017 年 12 月第 1 版　2017 年 12 月第 1 次印刷
书　　号／ISBN 978-7-5201-1938-2
定　　价／49.00 元